Kick Boxing

INSTITUTO PHORTE EDUCAÇÃO
PHORTE EDITORA

Diretor-Presidente
Fabio Mazzonetto

Diretora-Executiva
Vânia M. V. Mazzonetto

Editor-Executivo
Tulio Loyelo

Kick Boxing
A arte de ensinar

Prof. Serginho
Sergio Antonio da Silva

editora
São Paulo, 2011

Kick Boxing: a arte de ensinar
Copyright © 2011 Phorte Editora Ltda.

Rua 13 de Maio, 596
Bela Vista – São Paulo – SP
CEP: 01327-000 – Brasil
Tel./Fax: (11) 3141-1033
Site: www.phorte.com
E-mail: phorte@phorte.com

Nenhuma parte deste livro pode ser reproduzida ou transmitida de qualquer forma ou por quaisquer meios eletrônicos, mecânico, fotocopiado, gravado ou outro, sem autorização prévia por escrito da Phorte Editora Ltda.

CIP-BRASIL. CATALOGAÇÃO-NA-FONTE
SINDICATO NACIONAL DOS EDITORES DE LIVROS, RJ

S491k

Serginho, Professor
    Kick boxing / Professor Serginho, Sergio Antonio da Silva. - 1.ed. - São Paulo: Phorte, 2011.
    152p. : il.

    Inclui bibliografia
    ISBN 978-85-7655-306-9

    1. Kickboxing. 2. Kickboxing - Estudo e ensino. 3. Artes marciais para crianças. I. Título.

11-1073.   CDD: 796.815
                              CDU: 796.835

24.02.11   25.02.11   024747

Impresso no Brasil
Printed in Brazil

Dedicatória

À Lílian Maia da Silva

Uma pessoa perfeita, emprestada por Deus durante 15 anos e 9 meses. Ele resolveu levá-la de volta ao seu jardim.

Minha filha, que treinava desde os 6 anos de idade, tinha um compromisso com os mais humildes, ajudando-os e acolhendo-os nos projetos voluntários com crianças carentes, dos quais fazíamos parte, nas escolas, nas academias e na igreja.

Como todos, tinha sonhos: receber as bênçãos do Espírito Santo e ver sua família sempre unida.

Ela se foi cedo demais, o que nos deixa tristes, mas com certeza Deus a ilumina, e Ele nos fará entender, no momento certo, por que a levou tão cedo.

Ela está bem, e isso nos conforta.
Um beijo, Filha.
Até breve!
Dos seus pais, irmão e amigos.
★ 03-05-89 ✝ 13-02-05

Agradecimentos

A Deus, por ter proporcionado tudo em minha vida.

À minha esposa Neuzeli, meus filhos Lílian e Serginho, aos meus pais Mauro e Célia, aos meus irmãos, Rose, Marcos e Bira, e familiares, que sempre estiveram comigo nas vitórias e nas derrotas da vida.

Ao Sindicato dos Metroviários e na pessoa do Sr. Campos (*in memoriam*) que conseguiu, por intermédio de seu amigo, Sr. Onor, dono da ENTEL Segurança, o patrocínio e a realização de um sonho, minha ida ao Campeonato Mundial na Hungria, em 1993.

Ao Deputado Turco Loco, ao Tricampeão Mundial Paulo Zorello e à Delegação Brasileira pela minha ida ao Campeonato Mundial da Ucrânia em 1995.

Ao Sr. Arnaldo, dono da Revista Combat Sport, pessoa amiga que tem me apoiado e ajudado em minha carreira de atleta e treinador; pessoa que conhece muito a história das artes marciais e pensa muito no atleta, e que, apesar das desilusões com alguns, sempre está disposto a ajudar novos talentos.

Ao Vereador Celso Jatene e ao Dr. Miguel Del Busso, Deputado Campos Machado, Vereador Celso Jatene, Claury Alves, que vêm contribuindo muito para o crescimento do *Kick Boxing* para as crianças carentes no Brasil.

A Companhia do Metropolitano de São Paulo (Metrô), empresa onde trabalho a qual possibilita-me a treinar.

Prefácio

Em todos os meus anos de convivência com as artes marciais e com as lutas de contato, primeiramente em função de aficionado, depois de editor de revista especializada e posteriormente de diretor da Associação Combat Sport, cheguei a conhecer um grande número de pessoas do meio esportivo, cada qual com seu tipo de comportamento (muitos irrepreensíveis, outros nem tão louváveis). Sempre senti que esse segmento, ao qual me tenho dedicado em mais de uma função, carece de indivíduos íntegros e dedicados que o defendam com a bandeira do desprendimento, do entusiasmo, do amor ao que fazem.

Sergio Antonio da Silva é, antes de tudo, um amigo pessoal. Todavia, não é em razão de nossa amizade que escrevo o prefácio deste livro. Sergio Silva é dessas pessoas que se enquadram na categoria de artistas marciais, com letras maiúsculas. Amizade não se consolida sem honestidade de propósitos, retidão de caráter, esforço desinteressado e muita sinceridade. Sergio Silva, o "Serginho", é alguém real, autêntico. Provou isso a si próprio no decorrer da árdua carreira, que os leitores conhecerão alguns de seus traços no decorrer da leitura.

Posso até dizer que Serginho "corre o risco" de ser tomado por uma pessoa simples demais, quando, na verdade, suas atitudes e seu modo de ser refletem exatamente o que ele é por dentro, sem disfarces ou hipocrisias convenientes! Por esse exato motivo, tem convivido harmoniosamente com todos, e é bem quisto em todos os meios que frequenta.

Tive assim o prazer de abrir-lhe os arquivos da *Combat Sport*, para que deles extraísse informações necessárias ao seu primeiro livro. É esse fruto de seus esforços e de sua perseverança, com o intuito de levar ao público brasileiro (tão carente de literatura especializada) esclarecimentos sobre o início do *Kick Boxing* e disciplinas afins em nosso país, complementados com as primeiras noções práticas do tema. Trata-se, este livro, de obra essencialmente didática e esclarecedora, mais dirigida ao leigo. A esta, deverão seguir-se outras, gradativamente mais complexas.

Particularmente, espero que Sergio Silva, nessa sua nova fase de técnico e de autor, continue tão produtivo em nosso meio esportivo quanto o foi (ou é) como atleta. E que muitos nele se espelhem na compreensão de como crescer apesar dos obstáculos, e de como fazê--lo de maneira irrepreensível.

Sinto-me, enfim, honrado pela oportunidade de abrir este livro que, tanto nas mãos do iniciante quanto nas do instrutor, cumpre seu objetivo de mostrar como tudo começou!

Arnaldo Pereira

Equipe Serginho *Team*

 Prof. Antonio Bataglia	 Profa. Luiza Storai	 Prof. Ebenezer
 Instrutor Carlinhos Alves	 Prof. Erivelton Ramos	 Prof. Cássio
 Instrutor Thiago Conceição	 Instrutor Israel	 Instrutor Paulo Bertolo

Instrutor Eduardo Laporta	Instrutor Thiago	Prof. Charles Cesar Paiva Araújo
Prof. Gilson Romero	Prof. Mauricio Cezarino	Instrutor Phellipe

Prof. Evaldo Santos	Prof. Nirceu Lemes	Prof. Nielson Lemes
Prof. Marcelo Negrão (*in memoriam*)	Prof. Paulo Garcia	Instrutor Danilo da Costa
	Profa. Barbara Barciega	Prof. Paulo Shaolin

Mensagem

Não encaro as lutas como forma de extravasar a agressividade; vejo-as como forma de relaxamento físico e mental (filosofia de vida).

Lamento a falta de reconhecimento e, principalmente, de patrocínio para o atleta no Brasil. Sem esse tipo de apoio, fica difícil participar de competições em outras cidades, estados e países.

O lutador precisa dessa experiência e também de tempo para se dedicar aos treinos.

As duas qualidades fundamentais que reputo ao lutador são: humildade e dedicação.

A partir disso, são necessários um rigoroso treinamento e o desenvolvimento da parte técnica.

Além do trabalho em nível psicológico para chegar à autoconfiança e ao equilíbrio.

Serginho

São Paulo, 2011.

Sumário

1 O começo de tudo. 19
1963-1982 – Infância e juventude 21
1986 – Marcos iniciais; do *Karate* ao *Hapkido* 22
1988 – O *Full Contact* – Formação e trabalho 22
1991 – Competição e lutas 23
1993 – Os campeonatos 23
1993 – Os patrocinadores 24
1993 – Os eventos internacionais 26
1994 – Retorno e profissionalização 28
1998 – Retorno aos ringues 31
2000-2001 – Pelos nossos atletas – uma luta diferente 31
2004 – O sonho não acabou 32
26.06.2004 – O bom combate. A realização do sonho 33

2 Origens do *Full Contact* 35

3 O *Full Contact* no Brasil 41
3.1 Markus Tullius – O fundador 43
3.2 Os seguidores 46
3.3 Pessoas muito importantes para o crescimento do *Kick Boxing* 61

4 *Kick Boxing* hoje 63
4.1 Dia do *Kick Boxing* 65
4.2 *Kick Boxing* entra oficialmente para os jogos abertos
    do interior 65
4.3 Palavras de Paulo Zorello 66

5 Técnicas de *Kick Boxing* e suas modalidades e
regras. 69
5.1 *Musical forms* 71
5.2 *Semi Contact* 72
5.3 *Light Contact* (CBKB, 2010) 74
5.4 *Full Contact* 77
5.5 *Low kick's* 80
5.6 *K1 Rules* 81
5.7 Regulamento profissional (CBKB, 2010) 83

6 O *Kick Boxing* – Arte marcial para a criança.. ...87

6.1 Algumas considerações. 89
6.2 A importância de um técnico para o atleta 91

7 Iconografia da parte técnica 93

7.1 Base de boxe 95
7.2 Base de chutes 102
7.3 Joelhadas 117
7.4 Bloqueios 119
7.5 Esquivas 125
7.6 Caminhar 128
7.7 Trabalho com aparador 130
7.8 Bandagem 132

8 Referências 137

9 Iconografia 141

1
O começo de tudo

1963-1982
Infância e juventude

Tive uma infância distante da prática de esportes. Sofria de bronquite e, talvez, por isso, não gostava muito de me exercitar. Mas como todo menino brasileiro, comecei a jogar futebol. E fui bem. Tanto que passei em alguns testes e vi de perto a chance de poder jogar num time grande: a Portuguesa. E, desta vez, foi a necessidade de trabalhar para sobreviver que não me deixou seguir a carreira futebolística.

No meio da molecada, outro gosto em comum era o de lutar. Eu comecei a me interessar pelo Boxe, mesmo sem nenhuma experiência. E meu sonho passou a ser o de adquirir um par de luvas de Pugilismo. Por meio de muitos esforços e renúncias, juntei o necessário para comprar um par de luvas, sem saber que minha mãe já havia comprado outro, para presentear-me no Natal. No grande dia, vesti minhas luvas e fiquei esperando a chegada de minha mãe e de meu irmão Marcos. Na inconsequência da infância, deu-me na cabeça esconder-me atrás da porta. Assim que vi meu irmão entrar, chamei-o pelo nome, um sonoro "Marcos", e pimba! Acertei-o com um direto que o fez cair duro. Foi um alarido! E foi assim que ganhei e perdi, por causa de um infeliz soco, meu primeiro par de luvas de Boxe.

Dizem que com o passar do tempo tudo muda. Eu continuei jogando bola, mas não mudara em mim a vontade de praticar Boxe. Sete anos depois, eu namorava e um desentendimento entre nós mexeu com meus nervos de adolescente, reacendendo como nunca meu desejo de treinar um sistema de luta. Eu tinha um colega, Cláudio Santos, que dava aulas de *Kung Fu*. Pedi-lhe que me levasse um dia até sua academia e me deixasse experimentar umas aulas. Entrei no recinto nervoso, o condicionamento era muito puxado. Eu teria de fazer 300 abdominais e só consegui trinta! Num misto de revolta e de frustração, tomei aquele "fracasso" como um desafio pessoal! Passei a treinar com vontade, muita vontade. Algum tempo depois, a academia fechou e eu procurei outra: não queria parar mais. Era difícil, sem qualquer apoio, trabalhava até às 18h, saia correndo para a academia, treinava duro até umas 19h15, partia de novo voando para a escola. Mas eu gostava e por isso valia a pena. Perseguia-me a sorte? Não sei, mas essa academia também fechou.

1986
Marcos iniciais; do *Karate* ao *Hapkido*

Meus treinos foram interrompidos por alguns meses. Acabei praticando *Karate* e, em 1986, a propaganda da Academia Tigre de *Hapkido*, do Prof. Alvaro Aguiar, chamou-me a atenção no jornal que lia. Assim, lá fui eu ver o local e tomar referências. Matriculei-me e iniciei a prática. Os testes que realizei me fizeram perceber que os treinamentos eram parte de minha vida, pela minha própria saúde. Voltei para o *Hapkido* quando "estourava a onda" do chamado *Full Contact* ou Chute Boxe – que exigia do praticante a formação técnica em alguma modalidade prévia. Nessa época, começaram a surgir os filmes de Jean Claude Van Damme e também, aqui e ali, o termo *Kick Boxing*.

1988
O *Full Contact* – Formação e trabalho

E foi no *Full Contact* que me formei e comecei a dar aulas, por coincidência numa academia de Boxe, chamada Vitor Ribeiro Boxe Clube. O número de alunos era grande e muitos queriam me testar. Com o decorrer do tempo fui adquirindo nome e conquistando respeito. Comecei também a frequentar o CMTC CLUB, onde eram realizados muitos eventos de Boxe. Notei que os atletas eram bastante humildes – e muitos bons! – e o público formado, na maioria, por ex-pugilistas. E o Boxe voltou à minha vida, fazendo-me recordar os tempos de infância. Mas, dessa vez, eu entrava no Boxe para aperfeiçoar minhas técnicas de *Full Contact*.

1991
Competição e lutas

Em novembro de 1991, muito nervoso, entrei em minha primeira competição de *Full Contact*. Ansioso para começar, logo na primeira luta peguei o aluno do campeão sul-americano Luiz Augusto Alvarenga! Vi-me no ringue, tenso ao extremo, mal esperando soar o gongo... Enfim! Iniciado o combate, não conseguia entrar na guarda de meu adversário, que chutava muito. No final do segundo *round*, a surpresa: encaixei um bom direto e o venci por nocaute! Duas horas depois, lá estava eu de novo no ringue para minha segunda luta. Mais calmo, comecei tranquilo e consegui trabalhar bem as técnicas no oponente, vencendo por pontos dessa vez. Na terceira luta estava cansado, mas fui até o fim e, embora perdesse por pontos, sai vice-campeão, um resultado muito bom para minha primeira competição.

1993
Os campeonatos

Não parei mais de competir. Nos altos e baixos da vida, entrei no Torneio Kid Jofre de Boxe, em 1993. Fiz uma luta com um atleta de Guarujá, mas não consegui render 30% de meu potencial dos treinamentos.

A indignação tomou conta de mim e, terminado o combate, poucos me viram chorar atrás das arquibancadas. Soubesse eu o que viria a seguir!

Dois meses depois, inscrevi-me no Campeonato Paulista de *Full Contact* versão ISKA – presidida na época por Sergio Bartarelli. Minha primeira luta foi com um atleta de Araraquara – SP, que se postava muito bem no ringue. Venci por pontos. Em minha segunda luta, enfrentei um atleta da Academia Combat Sport, um adversário muito bom de pernas (chutes). Fui trabalhando em sua linha de cintura e venci por cansaço do oponente. Na terceira luta, vi-me frente a frente com um atleta de Barretos – SP (com o qual fiz amizade no decorrer do campeonato). No primeiro *round* fui surpreendido por seus fortes chutes giratórios e circulares. Com a ajuda do Boxe, aos poucos fui me encontrando, achando a distância e no terceiro *round* acertei um chute circular no seu rosto, complementando com uma sequência de golpes de mão vencendo por nocaute. A vitória me deu o título de Campeão Paulista e foi para mim uma consagração importante.

Meses depois fiquei sabendo de uma seletiva para o Campeonato Brasileiro versão WAKO – presidida por Paulo Zorello – a realizar-se no Pacaembu – SP. Inscrevi-me, mas sem grandes esperanças de poder participar já que estaria trabalhando. Decidido, conversei com a chefia – até então não sabiam que eu praticava artes marciais e competia – e consegui ser dispensado às 9h. Quando cheguei ao local, já havia sido anunciado meu nome para a próxima luta. Voei para o vestiário, troquei-me não sei como, fui para a pesagem e já estava no ringue. Tudo tão depressa, que não deu tempo para o nervosismo. Tranquilo, comecei o combate e consegui trabalhar bem, vencendo por nocaute. Fiz a segunda luta e também venci por nocaute. A terceira luta perdi, mas consegui ser vice-campeão garantindo a vaga para o Brasileiro, que se daria em Cruz Alta – RS.

1993
Os patrocinadores

Vencida uma etapa da batalha, ficou outra, talvez mais difícil: a de conseguir um patrocinador. Tentei de todas as maneiras: eu queria muito participar, e até minhas folgas no serviço iriam coincidir com os dias do Campeonato. Não houve outra maneira senão pedir ajuda ao Sindicato dos Metroviários – o pessoal se surpreendeu, pois sempre separei meu trabalho como segurança do Metrô da minha carreira de lutador e ninguém sabia que eu competia. Consegui o patrocínio e pude preparar-me para a longa viagem.

Evento bem organizado, várias delegações presentes, alto nível competitivo. Vi que não seria fácil! Fui apresentado para o técnico da Delegação Paulista, o Belocqua, que me tranquilizou para o combate, já que em minha primeira luta enfrentei um campeão gaúcho. Trabalhei bem o combate e venci por nocaute no primeiro *round*, com um chute de canela no rosto. No dia seguinte, participaria da final com o "Salsichinha", de São Paulo, um atleta nota dez, o que me fez chegar a ele e dizer: "Sejamos profissionais e vamos fazer uma ótima luta porque este é meu sonho". Realmente, travamos sem ressentimentos um excelente combate, que venci por pontos e me deu o título de Campeão Brasileiro e a tão esperada vaga para participar do Mundial, a realizar-se em Budapest – Hungria, até então algo muito distante para mim.

Ao chegar do Brasileiro, comentei com meu supervisor que havia conseguido uma vaga para disputar o Mundial e agora tinha de batalhar por um patrocinador. Ele me respondeu em tom de brincadeira: "Se você conseguir, eu até te dispenso do serviço!".

Iniciei minha peregrinação, de empresa em empresa. Pediam-me que deixasse meu currículo para análise, mas, no final, a resposta era sempre a mesma: "não podemos...".

Minhas esperanças definhavam, quando recebi um telegrama urgente do Sindicato dos Metroviários, na pessoa do Sr. Campos, dizendo que eu entrasse em contato com ele com presteza, para tratar de assunto "relativo a patrocínio". Mal acreditando no que lia, corri a um telefone próximo, entrei em contato e me disseram para ir até lá, pois estava quase certo um patrocínio.

Falei com o Sr. Campos e, no dia seguinte, fomos até a empresa Entel Segurança. Recebeu-nos o dono da empresa, Sr. Onor, ele ouviu minha história e simplesmente me perguntou o custo da viagem e me reembolsou. Eu não acreditava! De lá saindo, fui direto para a Federação confirmar com Paulo Zorello minha ida, já que conseguira o patrocínio.

Minha alegria durou pouco, como todas as alegrias... Paulo Zorello disse-me que eu não poderia ir, porque tinha uma luta marcada com Sérgio Batarelli e os patrocínios estavam todos suspensos. Não me conformei, insisti com todos os meus argumentos! Por força de minha teimosia, Zorello acabou me dizendo que iria ligar para a Delegação Italiana para que me ajudassem. Faltava uma semana para o evento e eu tinha de ver passagem, passaporte e todo o resto.

1993
Os eventos internacionais

Começou minha peregrinação de agência em agência: a diferença de preço e data de embarque eram grandes.

Por fim, consegui uma passagem na terça-feira, às 18h, para um embarque às 23h. Telefonei para minha esposa, pedi-lhe que arrumasse uma mala e contei-lhe que já ia embarcar naquela mesma noite. Por azar, caia uma chuva torrencial; cheguei em casa às 20h, peguei minhas coisas e parti para o aeroporto. Foram 16 horas de ansiedade na viagem até a Bélgica, onde faríamos uma escala antes de chegar à Hungria. Chegando em Budapest, o frio de 18° negativos, o que me deixou preocupado. Para piorar, eu não conseguia articular uma palavra na língua local. Com um mapa do evento e meu uniforme de atleta, fui até um motorista de táxi que, felizmente, calculou que eu iria participar do Campeonato Mundial de *Kick Boxing*.

Na Europa, o *Kick Boxing* é um esporte muito popular e conceituado e todos sabiam do Mundial. Assim, cheguei ao hotel e fui apresentado ao Presidente da WAKO, Sr. Ennio Falsoni, que falava espanhol, e então pudemos nos comunicar.

Fiquei impressionado com a estrutura do evento, assim que adentrei no ginásio: os ringues, o sistema de aquecimento com temperatura ambiente, as delegações com médicos, preparadores físicos, técnicos, massagistas e toda a assessoria necessária. Quando fui para a pesagem, estava 2,8 kg acima do peso. Depois de duas horas de treino aeróbico consegui descer para o peso limite e voltei ao hotel aguardando o evento que seria no dia posterior.

Chegado o dia, fui apresentado, pelo presidente da WAKO, ao campeão mundial e técnico da Seleção Italiana, Georgio Perreca. Tudo pronto para começar!

Ansioso e por que não dizer muito nervoso, fiquei sabendo que pegaria logo de cara um duro lutador da Croácia. Depois de 5 horas de espera, nossos nomes foram chamados pelo árbitro. No centro do ringue, recebemos as instruções – das quais eu não entendi uma só palavra! Soado o gongo, fui em direção ao croata com a guarda fechada, cuidando para não deixar nenhuma abertura. Fui começando a me soltar e a encaixar alguns bons golpes. O adversário veio então para cima de mim e, naquele momento, abriu a guarda. Foi fatal: encaixei um direto e o levei à lona, vencendo por nocaute.

Mais 3 horas de espera e fui chamado para lutar com um campeão belga, mais alto que eu, muito bom e muito chutador. Fizemos um combate bastante técnico, durante o qual procurei tomar sempre a iniciativa (seguindo as orientações técnicas de Georgio Perreca). Venci por pontos e com isso fiquei entre os oito melhores lutadores do mundo! Um sonho que se realizava de maneira inesperada! Só pensei em correr até o telefone mais próximo e dar a grande notícia à minha mulher e, consequentemente, à minha família. Queria partilhar com eles a grande alegria que sentia naquele momento e também a imensa saudade que já batia forte.

O evento continuaria no dia seguinte, no entanto, deu-se um fato que mais tarde se revelaria curioso: estava eu meio perdido no refeitório do hotel, quando notei outro atleta, de traços orientais, que parecia tão ou mais perdido que eu. Se as semelhanças unem as pessoas, às vezes, as diferenças também! Por meio de gestos, acabamos nos comunicando e soube que ele era da Mongólia, campeão asiático profissional de *Kick Boxing*. Mais adiante voltarei a essa história, ou seja, ao reencontro com meu amigo oriental.

Prosseguindo o Mundial, depois de 9 horas de espera, fui chamado para subir no ringue e enfrentar um lutador da Ucrânia. Fizemos uma luta equilibrada: meu adversário conciliava muito bem mãos e pernas, mas também consegui colocar alguns bons golpes de mão e de perna. Só que perdi por pontos em uma decisão muito contestada pelo meu técnico. Enfim, fiquei com a 5ª colocação, um resultado bastante positivo pelo que enfrentei nessa labuta toda.

Restava-me ir ao ginásio para assistir as finais – que foram televisionadas para toda a Europa. Veio aquela vontade de estar lá, tentando levar a bandeira brasileira ao pódio e fazendo todos os presentes ouvirem o hino de minha pátria! O problema é que o atleta brasileiro de artes marciais tem de viver de seu emprego e, a suor e a sangue, "se virar" para conseguir – quando consegue! – algum patrocínio. E ainda assim "se virar" para arrumar tempo e dinheiro para treinamento, alimentação, passagens, estadia etc. Olhava para os lutadores finalistas, profissionais que viviam da profissão de lutar, com toda a assistência técnica, médica, nutricional, financeira etc., e só pude soltar um profundo suspiro: Será que um dia chegaremos a esse patamar?

1994
Retorno e profissionalização

Meu retorno foi uma festa. Já no aeroporto, esperavam-me mulher, filha, pai e irmãos. Foi a partir daí que obtive várias divulgações por meio da Revista Combat Sport, do Jornal Lutas de Academia, do Jornal Enfoque, da Gazeta da Zona Norte e outros, que me deixaram conhecido no meio das artes marciais.

Iniciando minha carreira praticamente como profissional, pude ver como a vida de um lutador é feita de altos e baixos, a despeito de quão duramente ele persiste: na disputa televisionada do título brasileiro de *Low kicks* versão WAKO, comecei bem o combate, mas ao ser encurralado no *corner* recebi um cruzado na nuca e na sequência o adversário tentou me dar um *happer*, momento em que fui para trás desequilibrado, caindo e batendo com muita força a cabeça no tablado. Levantei, mas o juiz determinou nocaute técnico em minha primeira luta!

Sem desanimar, alguns meses depois, entrei em outra competição de Boxe. Na primeira luta enfrentei um adversário difícil, chamado "Careca", da Academia Padote. Fizemos um ótimo combate, que venci depois de trabalharmos com golpes bem rápidos e técnicos e, no meu caso, na linha da cintura. Duas semanas depois, lutei com um atleta da academia Tatuapé que se mostrava nervoso e, provavelmente por isso, veio "atropelando". Coloquei um bom cruzado no queixo e um direto de direita, vencendo por nocaute. Minha terceira luta foi um páreo duro! Enfrentei um atleta do Guarujá, invicto por nocaute em todas suas lutas anteriores. Ainda por cima, eu estava bem acima do peso.

No primeiro *round*, veio para cima de mim, colocando golpes duros e tudo que eu podia fazer era golpear na sua linha de cintura quando achava um espaço. No final do *round*, tomei um cruzado na ponta do queixo e cai sentado! Levantei, aguardei a contagem até oito, levantei os braços e retornei ao soar do gongo. No segundo *round* continuei trabalhando a linha de cintura do adversário e tomei outro cruzado! Aberta nova contagem, retornei ao combate, meu adversário sempre batendo duro, mas fui encontrando a distância e colocando alguns golpes, quando me encontrei encurralado no *corner*. A situação aparentemente desfavorável me favoreceu e consegui encaixar um bom cruzado, abrindo caminho para outros golpes e variações de golpes. Nesse momento, o ginásio veio "abaixo", a ponto de ninguém ouvir o gongo! O árbitro abriu contagem para meu adversário, que levantou os braços. No terceiro *round* outra troca de golpes duros, no meio do ringue. De repente, coloquei um cruzado no queixo do meu adversário, o que fez voar longe seu protetor bucal. Aberta a segunda contagem. Meu adversário retornou, mas já cansado. Tentei definir a luta, sempre tomando cuidado, pois tinha diante de mim alguém que poderia, a qualquer momento, derrubar-me de vez. No final do *round*, consegui encurralá-lo no *corner* e desferi vários golpes na linha de cintura. Foi quando desmoronou, caindo na lona e dando-me a vitória por nocaute.

Uma semana depois, fiz minha quarta luta contra um atleta do São Paulo. Eu não estava totalmente recuperado e, por isso, perdi o combate, mas sagrei-me vice-campeão do Torneio Kid Jofre de Boxe.

Fiz, ainda, mais três lutas extras: contra um atleta da Vila Manchester, um da Mooca e um da academia Nocaute, tendo vencido as duas primeiras por pontos e empatado a última.

Algum tempo depois, inscrevi-me no Campeonato Paulista de Boxe e sabia que teria minha chance logo na primeira luta, ao defrontar-me com o atleta que me tirara o título do Torneio Kid Jofre. Só que cinco dias antes da luta, quebrei o nariz durante os treinamentos e o combate foi cancelado.

Mesmo com o bendito nariz quebrado, não queria perder a chance de participar do Mundial de *Kick Boxing* de Kiev, na Ucrânia, a ser realizado em novembro de 1995. Desta vez, a CBKB (Confederação Brasileira de *Kick Boxing*) custeou as passagens de toda a equipe e fomos, em uma delegação de 21 componentes – coisa inédita para o Brasil. Em Kiev, 20 °C negativos, novamente... Aberto o campeonato, estava observando a equipe da Mongólia – vejam a coincidência – e, para minha surpresa, meu amigo oriental (aquele que estava perdido tanto quanto eu, no restaurante do hotel no evento da Hungria) veio ao meu encontro, pronunciando à sua maneira meu nome! Como é possível em tão pouco tempo nascer uma amizade e um respeito tão grande? São essas coisas, a meu ver, que gratificam todos os esforços em ir batalhar lá fora as cores de nosso país e a nossa carreira. Meu amigo mongol, desta vez, não lutaria: estava como técnico da sua equipe e fez questão de me apresentar a todos, membro por membro, aos quais já havia falado sobre mim. Foi uma sensação muito boa, senti-me valorizado e bem-acolhido entre amigos estrangeiros e tão simpáticos à minha pessoa.

Entre 800 atletas inscritos, após 10 horas de espera, fui chamado para lutar contra um armênio bem mais alto que eu. Meu nariz me preocupava e dito e feito! No primeiro *round* um golpe de direita fez meu nariz sangrar e me incomodar muito. No segundo *round*, encaixei golpes duros de mão, derrubando meu oponente, e abrindo contagem. No terceiro *round*, meu adversário cometeu duas faltas, tendo corrido o tempo todo. Estava certo da vitória por pontos, mas, para minha decepção e de meu técnico, que não entendeu nada, foi levantado o braço do armênio! Não adiantaram reclamações, o resultado estava dado e pronto!

Acabei ficando entre os 18 melhores do mundo – tive de me sentir feliz, pois entre 800 lutadores, ficar entre os 18 dizia muito!

De volta ao Brasil, tentei o título brasileiro de *Full Contact*, WAKO profissional, mas fui obrigado a me afastar dos ringues por ter estourado o ligamento de meu joelho: cirurgia, implante, fisioterapia – o que me levou a ficar mais na organização do *Kick Boxing*. Foi quando me convidaram para ser o técnico da Seleção Paulista de *Kick Boxing*, no Campeonato Brasileiro daquele ano. Fomos consagrados campeões por equipe. Logo depois, fui nomeado diretor e vice-presidente da Federação Paulista de *Kick Boxing*.

1998
Retorno aos ringues

No ano de 1998, acabei retornando aos ringues e fazendo uma luta com meu amigo Daniel Lucena. No ano seguinte, o próprio Daniel fundou a OIAMC (Organização Internacional de Artes Marciais) e organizou o primeiro Campeonato Sul-Americano, dando-me a chance de disputar o título contra o paraguaio "Mada-garan". Contatei meu técnico Belocqua, que acabou me treinando para esse combate. Chegou o dia e, para variar, o friozinho na barriga não poderia deixar de estar presente. Chamados os dois ao ringue, começa a luta, e com a orientação de meu técnico acabei colocando bons golpes, vindo a nocautear meu adversário no terceiro *round* com um direto e um cruzado de esquerda, conseguindo assim o título.

2000-2001
Pelos nossos atletas – uma luta diferente

Em novembro de 2000, é marcada uma luta pela ISKA, representada no Brasil por Isaul Marcos "Torrão" Soares, luta que, por desencontro de informações, acabou não acontecendo.

E, em 2001, acabei sendo obrigado a me afasta dos ringues novamente, mas continuei lutando fora dos ringues por nossos atletas. Daí em diante, vários atletas da equipe continuaram a se destacar e começaram a aparecer novos talentos querendo se projetar. Vinham de longe treinar comigo e, com isso, além de se animarem, acabavam servindo de incentivo para que eu nunca parasse de treinar. Nesse período, além dos atletas em destaque que competiam – Gerson Teixeira, Evaldo Santos, Denival Nogueira, Tarcísio Salles, Nirceu Lemes, Nelson Lemes, Adriano Silva, Leriano Bilu, Marcelo Mancha –, começaram a se destacar Ailton Pedro,

Almiro Souza, Alexandre Barbosa, Gilson Romero, Paulo Oliveira, Egon Henrique, Inafitali Gomes, Danilo da Costa, Maurício Cezarino, Marcos Tadeu, Erivelton, Fábio Silva, Marcos Rogério, Alcione Muterle, Luciana, Patrícia Silva, entre outros.

2004
O sonho não acabou

Em março de 2004, cogitou-se a disputa do título paulista de Master, disputa que aceitei. Só que os atletas de minha faixa etária não queriam lutar comigo, pois a maioria estava fora de forma, sem ritmo de combate. Foi então que o presidente da Confederação Brasileira de *Kick Boxing*, Paulo Zorello, comunicou-me que meu adversário seria Daniel Lucena, nove anos mais novo que eu e que já era campeão brasileiro de *Full Contact*, campeão pan-americano de *Kung Fu*, e ainda o organizador do evento em Santa Isabel – SP, onde lutaríamos. Sugeri que fosse feita a disputa do título brasileiro, abrindo a categoria, independentemente de idade.

Acabei tendo êxito. Dei continuidade aos treinos, agora com maior intensidade, já que disputaria o título brasileiro de *Full Contact*. Quinze dias antes da luta, Zorello me telefonou, confirmando a luta, só que na modalidade de *Low kick's*. Aceitei, pois queria lutar. Sofri algumas pressões, certos empresários alegaram que eu tinha um nome muito conhecido dentro das artes marciais e que não valia a pena eu arriscar todo o trabalho realizado. Minha resposta foi a de que eu queria lutar e que quem me conhece, me respeita; eu o fazia por toda minha carreira de vitórias e derrotas e se eu tivesse, um dia, que lamentar alguma coisa, gostaria que fosse pelo que eu fiz e não pelo que deixei de fazer. Mesmo se eu viesse a perder, quando alguém me indagasse por que, eu diria que, se não consegui, ao menos tentei.

26.06.2004
O bom combate. A realização do sonho

Chegado o grande dia, 26 de junho de 2004, adrenalina a mil, friozinho na barriga, cheguei ao ginásio e logo fiquei encantado com a organização: ringue com uma grade toda iluminada à volta, uma plataforma que saía do palco e ia até o ringue, cobertura televisiva completa da Band Sport, jornais e revistas especializadas presentes. Tudo do jeito que sempre sonhei. No vestiário, a concentração dos lutadores já acontecia, eu me sentia muito nervoso, mas no decorrer do tempo fui sossegando, ainda mais pela companhia de outro atleta, amigo meu, que iria lutar também. Era Marcos Rodrigues que, com sua experiência e juntamente com seus técnicos, Edson e Carlão, acabaram por me tranquilizar. Meus técnicos, Tarcísio e Ailton, continuavam um pouco nervosos pela responsabilidade de subirem comigo, mas dias antes do evento eu havia conversado com eles e dito que, apesar de serem meus alunos, eram muito experientes como professores e como técnicos e que gostaria que eles me acalmassem para que eu pudesse fazer um bom combate, que tentassem passar para mim tudo o que eu passo para eles quando vão lutar, já que um bom combate é resultado de um trabalho conjunto entre lutador e técnico. Não importa o resultado.

Chegada a hora, foi do jeito que eu sonhava: disputa do título brasileiro – que tentei e perdi há 10 anos – na casa do meu adversário, portanto, teoricamente, com o público dele.

Quando fui anunciado, além do coração disparar, para minha surpresa, a torcida começou a gritar o meu nome. Fiquei atônito, pois eu estava na casa de meu adversário. Na passarela, com os nervos à flor da pele, olhei ao redor e senti mais segurança. Quando entrei no ringue e tornei a olhar em redor, pensei: "Esta é minha casa, minha luta!". Logo depois da execução do Hino Nacional, os dois competidores foram chamados ao centro, cumprimentamos-nos e começamos o combate. Pensei em trabalhar com calma para estudar meu adversário, pois eram oito *round's* pela frente, mas Lucena veio com tudo para cima de mim, e com muita confiança, querendo definir o combate logo no começo (havia vencido suas duas últimas lutas por nocaute no primeiro *round*). Fui então obrigado a trabalhar forte desde o início, e, no segundo *round* recebi uma cabeçada no supercílio que o abriu. Findo o *round*, no *corner*, meus técnicos conseguiram estancar o sangue com vaselina. Já no quarto *round*, consegui trabalhar bons golpes na linha de cintura do meu oponente, subindo com *happer* e cruzado, mas ele continuava bem preparado fisicamente e conseguiu se recuperar. Cada *round* seguinte parecia uma eternidade. Findo o sétimo *round*, na opinião do público e de meus técnicos eu estava vencendo. Mas eu estava na casa do meu adversário, então no último *round* fui orientado a arrumar fôlego, pois era a luta de minha vida e esse *round* faria toda a diferença. Arrumei fôlego e fui para cima, conseguindo encaixar bons golpes. Fui trabalhando bem, demonstrando estar inteiro, mas só Deus sabia como eu estava por dentro.

Acabada a luta, meus alunos e torcedores invadiram o ringue, levantara-me e me jogaram para cima, comemorando antes de o resultado ser dado. Todos estavam emocionados, quando a minha filha Lílian, dando vazão a toda sua emoção, com lágrimas pelo rosto, veio correndo e gritando em minha direção: "Pai, eu não quero saber do resultado, pois para mim você já é campeão!". Meu irmão Marcos também chorava e eu ouvia o público gritar meu nome. Foi então dado o resultado. Para minha alegria plena, meu sonho havia se realizado: aos 41 anos, quando ninguém mais esperava, eu conseguira! Era Campeão Brasileiro!

Deus escreve direito por linhas tortas. Confesso que tudo tem seu tempo, mas você que está lendo este livro, se sonha e tem um objetivo, nunca desista, tenha determinação, dedicação, humildade e respeito, assim Deus estará sempre com você.

Agora fica aqui a pergunta: O Serginho parou?

2
Origens do *Full Contact*

Pelo regulamento tradicional, as primeiras competições do que genericamente se denominava "*Karate*", nos EUA e na Europa, não davam ensejo a que lutadores bons em combate real dessem vazão a seus potenciais de ataque. Se fizessem contato, "mesmo ganhando, perdiam". Essas desclassificações acabaram repudiadas pelo norte-americano Bill Wallace e pelo francês Dominique Valéra.

Numa competição tradicional, na França, que ficaria para sempre nos anais da história do *Full Contact*, Bill "*superfoot*" Wallace voara dos EUA para a Europa, a fim de assistir ao desempenho daquele que considerava um dos melhores do mundo, o "Rei" Valéra, que acabou desclassificado do campeonato por "bater demais", ou seja, ter feito contato. Foi a última vez que o francês engoliu esse tipo de arbitragem. Convocando a imprensa naquela mesma hora e diante do público presente, declarou sonora e enfaticamente que se desligava oficialmente da Union – Word, *Karate* Organization – e filiava-se a organização de *Full Contact* dos EUA.

Pode-se considerar o surgimento do *Full* em 1974, pela iniciativa do norte-americano Mike Anderson, lutador e organizador dos então chamados *Karate Tournaments*. Tudo começou quando Anderson recebe um telefonema do responsável pela Universal Pictures, solicitando-lhe uma "demonstração de *Karate* que ultrapassasse tudo que até então fora feito". Anderson pensou rapidamente em organizar um campeonato de *Karate* "até o nocaute". Contatou seu amigo John Rhee (8º Dan de TKD), que há muito vinha trabalhando na confecção de protetores para combate. Aliando ambas as coisas, organizou uma seleção americana e alemã, um campeonato mundial de *Karate Full Contact*. Diante de um público recorde para a época, 12 mil espectadores, o *Las Arenas* de Los Angeles via nomes como Bill Wallace, Jeff Smith e Isaias Duenes se destacarem. Mais tarde, Joe Lewis roubaria a cena com suas sucessivas vitórias e estilo ímpar.

Em dois anos de existência, o *Full Contact* se tornava amplamente popular nos EUA, adentrava a Europa e entrava no Japão que já tinha um sistema de luta chamado estranhamente de "*Kick Boxing* Japonês" e que nada mais era do que um Boxe Tailandês abrandado, com introdução de algumas técnicas japonesas. É curioso notar que, nessa época, lutadores de segunda linha, que já haviam esgotado seus recursos na Tailândia, iam lutar no Japão e quase sempre apanhavam no ringue. Isso "irritou" a Tailândia que, zelosa pelo renome de sua arte marcial, acabou proibindo os lutadores tailandeses de migrarem para o Japão.

Foi mais ou menos nesse período que, o hoje lendário, Benny "The Jet" Urquidez – o apelido "The Jet" foi dado a Benny por causa de seu indestrutível chute dorsal voador – passou a lutar no Japão, onde se tornaria uma lenda viva, imortalizada, inclusive, em histórias em quadrinhos.

Outra lenda japonesa, o lutador Fujiwara, fez diversas lutas na Tailândia, pelas regras do *Muay Thay*, tendo conquistado vários títulos naquele país.

Nos primeiros anos de *Full* na América do Norte, misturavam-se graduações e faixas em competição e visava-se menos a marcação de pontos e mais a tentativa de atingir e nocautear o oponente.

Na época de ouro do *Full* norte-americano, destacavam-se, além de Bill Wallace, Joe Lewis e Benny Urquidez (tidos como "o trio genial"):

- Chuck Norris;
- Howard Jackson;
- Skipper Mullins;
- Mike Warren;
- Tonny Tulliners;
- Frank Smith;
- Ron Marchini;
- Allen Stein;
- Thomas La Puppet;
- Steve Sanders;
- Louis Delgado;
- Jeff Harrinson;
- Pat Burleson;
- Jeff Smith.

Pelo estilo japonês: Frank Smith, John Gihson, James Yabe, Ray Dalke e Jim Fields. No *Open Circuit*: Joe Lewis e Chuck Norris.

Origens do *Full Contact*

Nos EUA, o *Full* era praticado mais como uma forma de *Karate* de contato pleno, com toques de TKD, em seu período de formação como estilo próprio, enquanto na Europa e no Japão lembrava mais o Boxe Tailandês.

Um pouco mais à frente no tempo, eram considerados, nos EUA: melhor nocauteador, Dennis Alexio; melhor em pernas, Peter Cunningham; menos atingido, Rick Roufus; melhor em varreduras, John Longstreet; melhor em socos, Bob Thurman.

No quadro europeu, além do apelidado "Rei" Dominique Valéra, destacavam-se:

- Branko Cicatic (melhor em mãos);
- Jean Yves Theriault (melhor em encadeamento mãos e pés);
- Rob Kaman;
- Ferdinand Mack;
- Kahli El Quandili;
- Haddouch;
- os húngaros Balogh e Hanak;
- Jean Marc Tonus;
- Bechu;
- Tiozzo;
- Winterstein;
- Cosnier;
- Mathala;
- Rahilou;
- Dahak;
- Olivier Payet;
- Altane.

Na Holanda, Thom Harinck e seu Chakuriki Dojo ficaram famosos pelo *Muay Thai* e depois pelos atletas que viriam a formar no *Kick Boxing*. Ainda estão em atividade muitos desses nomes, seja lutando, formando atletas ou ministrando seminários e cursos.

Dentre as entidades que passaram a controlar os títulos mundiais, no início do *Full*, estão: ISKA – International Sports *Karate* Association –, WKA – Word *Ka-*

rate Association –, PKA – Professional *Karate* Association –, PKC – Professional *Karate* Council – e WAKO – Word Association of *Kick Boxing* Organization.

Pela excelente condição física que exige, o *Full Contact* forçou o praticante a se dedicar quase que exclusivamente à modalidade ou a ser um profissional do esporte. O treinamento sempre foi rigoroso, incluindo: pular corda, correr, pedalar, praticar no saco e com *sparring*. A parte cardiorrespiratória e a capacidade de resistência são muito exigidas. Da experiência dos pugilistas veio o boxe-sombra e a divisão de luta em *rounds*. No *Full*, os bloqueios do *Karate* deram lugar às esquivas que permitem contra-atacar rapidamente. As guardas passaram de posições baixas e frontais a laterais, que restringem ao mínimo o ângulo de entrada do adversário. O jogo de pernas do *Full* é único, embora possa ter se inspirado no Boxe. É pelo jogo de pernas que se reduz o tempo do contra-ataque e que se encadeiam defesas e contragolpes.

Na época em que ia emergindo, o *Full Contact* chegou a ser muito criticado pelos *Karate*cas tradicionais por "extrema violência" e rompimento com as tradições das artes marciais.

Hoje, o *Kick Boxing* se divide em seis variantes: *Thai Boxing*, *Low kicks* e *Full Contact* (lutas de contato em que é procurado o nocaute); *Light Contact*, *Semi Contact* (lutas sem necessidade do nocaute) e *Musical Forms*.

- *Full Contact* – A regra do *Full* hoje permite golpes do Boxe e chutes acima da linha de cintura; chute baixo só para desequilíbrio (*ashi barai*).
- *Low kicks* – Permite todos os chutes do *Full*, mais chutes na parte interna e externa das coxas.
- *K1* – Permite todos os chutes do *Low* mais joelhadas.
- *Light Contact* – É regido pelas mesmas regras do *Full*, mas sem nocautear o adversário. É avaliada a parte técnica do lutador.
- *Semi Contact* – É regido pelas mesmas regras do *Full*, mas em cada golpe acertado se para o combate e marca-se o ponto de quem acertou primeiro.
- *Musical Forms* – Trata-se de uma conciliação de movimentos de mãos e de pernas regidos por ritmo musical, como uma coreografia musical.

3
O *Full Contact* no Brasil

3.1 Markus Tullius – O fundador

O *Full Contact* surgiu de um movimento europeu e norte-americano, nos anos de 1970, atingindo depois a América do Sul. Não há registros, no Brasil, anteriores a Markus Tullius que começou a difundir o *Kung Fu Taisan* a partir de 1974, em São Paulo, passando depois para o *Full*. Markus Tullius liberou esse movimento, fazendo um trabalho inédito na época – até então marcada pela predominância das formas e *katas* do *Kung Fu*. Foi Tullius que organizou o primeiro torneio de *Full Contact* em nosso país, no final da década de 1970, lutando contra preconceitos e ameaças de pararem o evento por "excesso de violência".

O *Jornal Lutas de Academia*, de abril de 1994, trouxe em destaque extensa entrevista com Markus Tullius. Na parte introdutória, referia-se ao *Taisan Kung Fu* como:

> um estilo fortíssimo da década de 1970, que fez história através de seu tutor, Markus Tullius, um nome por si só demais respeitado quando citado.

Assim continuando:

> Markus Tullius é simplesmente o pai de muitos que ainda militam no meio, como Paulo Zorello, Luiz Augusto Alvarenga, Valter Mota, Francisco Santos, Isaias Souza e até mesmo Sergio Batarelli, entre tantos.

E mais:

> Após dar sua brilhante e diríamos mesmo inesquecível colaboração à arte, afastou-se e hoje vive uma vida empresarial, do ponto de vista pessoal, altamente espiritual, voltado ao desenvolvimento e conhecimento de suas raízes.

Em um dos pontos mais interessantes da entrevista, assim se expressou Tullius:

> "A arte marcial, a luta em si mesma, não tem nenhum conteúdo importante. O valor está no conteúdo filosófico que possa apresentar. Combater o bom combate significa ser justo, ser bom e buscar objetivos elevados."

Com respeito à competitividade fora do ringue, assim se expressou:

> "Este é um meio muito competitivo, onde a vaidade das pessoas é exaltada ao seu limite máximo. Porém, elas carecem de uma relação de princípios, um questionamento moral permanente. Só assim o homem começa a transcender a sua condição puramente animal, em busca da plenitude."

Mais além:

> "Hoje em dia, pratico o estilo mais difícil de todas as artes: o estilo 'Sem Inimigos'. Na verdade, não há inimigos; há, sim, o adversário. É simples, mas não é fácil. É um desafio diário."

Segundo o *Jornal Lutas de Academia* de abril de 1994, Tullius deixou o *Kung Fu*, em 1979, para iniciar o desenvolvimento do *Full Contact*, deixando Sérgio Batarelli responsável pela continuação nos trabalhos no *Kung Fu*, já que este recusara entrar na nova modalidade quando convidado por Tullius. Na época, com 600 alunos no *Kung Fu*, ninguém acreditava no *Full Contact*.

Mas, Tullius indagado, ainda na mesma reportagem, sobre o que pensava sobre a evolução do *Full Contact*, respondeu:

> "depende da somatória de esforços daqueles que estão atuando, como atletas e como dirigentes."

Sobre seu afastamento (do *Kung Fu*), assim se expressara Tullius:

> *"A arte marcial foi para mim como um prato tenro e delicioso, do qual comi e me fartei. Se tivesse continuado a comê-lo, certamente teria uma indigestão. Deixei ainda um pouco do meu prato para aqueles que têm fome."*

Leitor compare as palavras atuais de Markus Tullius, expressas ao autor deste livro, em julho de 2000:

"A arte marcial foi, para mim, talvez a melhor fase da vida. As boas lembranças são muitas. Mais que isso, assimilei valores que fazem parte da minha personalidade e me orientam ainda no dia a dia. Coisas como perseverança, resistência às intempéries, disciplina etc.

O mais importante na arte marcial é uma união desses valores, que acabam resultando num profundo conceito de ética. Se não for assim, a arte marcial não apresenta maior relevância.

Existem ciclos na vida que devem ser respeitados. As coisas têm um princípio, um meio e um fim e, por esta razão, achei que era hora de me afastar. Nunca fiz da arte marcial um meio de ganhar dinheiro, o dinheiro acabou vindo como consequência do trabalho.

As coisas boas que realizei e as não tão boas já estão aí, de resto não há mais que eu deseje acrescentar."

Dos alunos de Markus Tullius, três foram os que mais se projetaram, dando origem à linhagem direta do Mestre Tullius: Luis Augusto Alvarenga, Sergio Batarelli. Numa segunda etapa, cada um deles criou seus grupos, que foram se expandindo. Fora esses três nomes, houve outros, que não obtiveram tanto destaque, mas também formaram seus grupos: Milton Nascimento, Edmilson "Mimi", Valter Mota, Francisco Santos, Isaias Souza...

No início da década de 1980 houve certo distanciamento entre Markus Tullius, Alvaro Aguiar e Sergio Batarelli. Algum tempo depois, Luis Augusto promoveu um evento de *Full Contact* e conseguiu, por aquele instante, reunir: Tullius, ele, Augusto, Álvaro de Aguiar e Sergio Batarelli.

Markus Tullius foi o verdadeiro "introdutor" do *Full Contact* no Brasil, como podemos ver pela sua história. Luis Augusto Alvarenga e Sergio Batarelli muito fizeram depois, pela expansão do *Full*, mas Tullius, o "Pai de Todos" foi quem deu início ao movimento.

3.2 Os seguidores

- **Luis Augusto Alvarenga**

Intensifica a prática do *Full Contact* a partir de 1978, com informações trazidas do Paraguai, Argentina, Chile e Uruguai. O sistema ainda era indefinido, sem a regulamentação que viria mais tarde, depois de cursos de aperfeiçoamento feitos nesses países e a partir de torneios e congressos realizados no Brasil.

Em 1979, realiza um grande evento no Ibirapuera, reunindo a comunidade do *Full Contact*. Em 1980, cria a Associação Augusto de Artes Marciais. Desempenha um papel importante, promovendo intercâmbio entre o Brasil e os países citados. Dono de uma técnica bastante apurada, conquistou muitos títulos, entre os quais o de campeão nacional e sul-americano de *Full Contact*. Foi representante da IKS – Internacional *Karate School* – e árbitro internacional pela Associacion Americana de *Full Contact* – AAKFC, da Argentina. Promoveu eventos e chegou a formar um grande número de atletas, de alto nível técnico e conduta íntegra.

Os três primeiros títulos sul-americanos coincidentes com o 3º Campeonato Internacional, pela federação do Paraguai, foram conquistados por Miguel Senz (do Paraguai), Marcos Beltran (do Chile) e Luis Augusto Alvarenga (do Brasil).

Depois dessa fase áurea, Luis Augusto acabou caindo no ostracismo por ter aceito um desafio para lutar Vale Tudo (*versus Full Contact*) com Renzo Gracie, no Ibirapuera, em São Paulo. Luis vinha em ascensão no *Full*, tinha nome e uma bela carreira ainda pela frente. Induzido por alguns empresários interessados somente em fazer dinheiro, sucumbiu à tentação de grandes promessas que evidentemente não se concretizaram, e topou a briga sem saber no que estava se metendo: não conhecia o Vale Tudo, não tinha experiência de luta de chão e ainda foi literalmente "atordoado", no momento do confronto, pela torcida organizada pesadamente a favor do Renzo e ostensivamente contra ele, Luis. O número de pessoas envolvidas no Vale Tudo carioca era enorme e na hora da luta tudo mudou. Luis ficou sem saber o que fazer e foi derrotado.

Na ocasião, Luis Augusto mantinha um contrato com a Combat Sport referente a cursos apostilados – que corriam muito bem. Ciente do prejuízo que Batarelli havia tido por sua derrota num Vale Tudo contra Zulu, e ciente da experiência e conhecimento dos Gracie num tipo de confronto que dominavam plenamente, a Combat Sport posicionou-se contra o desafio já que, no mínimo, aquele não era o momento para Luis Augusto entrar numa arriscada empreitada para a qual não estava preparado nem técnica nem psicologicamente. Mas Luis Augusto abdicou de seu trabalho na Combat Sport e foi direto para o desastre. É de se notar, também, que, na época, não se tinha o hábito de disputas grandes e sua imagem despencou, incorrendo em profundas arranhaduras no *Full*, que acabou "pagando o pato".

Hoje, depois de eventos gigantescos mistos em todo o mundo – nos quais, entretanto, os lutadores entram bem-preparados – a derrota de Luis teria sido mais bem aceita e mais rapidamente esquecida. Naquele momento, as consequências foram péssimas para a imagem do *Full*. Ainda mais que Luis Augusto tinha conhecimentos de defesa pessoal também. Mas as circunstâncias estavam todas contra Alvarenga e ele não percebeu isso. De fato, emergiu um Jiu Jitsu "invencível e todo poderoso", aureolado pelo sobrenome Gracie. O curioso é que até hoje eu, autor deste livro, não consigo levantar quem organizou e promoveu a luta. Alguém saberia dizer?

É ainda importante ressaltar que o evento, de três combates, fora divulgado como um confronto "Jiu Jitsu *versus Full Contact*". Porém, do lado do *Full Contact* havia somente o atleta Luis Augusto Alvarenga. Os outros dois lutadores, da equipe do *Full*, praticavam *Karate* e *Kung Fu*. Sem contar que o regulamento era totalmente favorável à luta de chão. Tendo por comentarista Paulo Zorello e por narrador Fernando Soléra, o evento foi transmitido, ao vivo, pela TV Gazeta.

- **Miguel Angel Senz**

Destacou-se no Paraguai. Era 5º Dan de *Full Contact* e 4º de TKD. Diretor da Federação Paraguaia de *Full Contact*, vice-presidente da Federação Paraguaia de TKD, campeão sul-americano de *Full Contact*, promotor de eventos televisionados e um dos maiores nomes do *Full* na América do Sul. Mais tarde viria a ser representante da ISKA em seu país, nomeado por Sergio Batarelli. Esteve várias vezes no Brasil.

- **Nelson Juan Amarillo**

Destacou-se na Argentina, presidente da Associação Americana de *Full Contact*, 8º Dan, fazia forte intercâmbio de atletas com nosso país. Ainda na Argentina, destacaram-se Alex Fernandes e Lourenço Lascano.

- **Marcos Beltran**

Destacou-se no Chile. Foi diretor da Associação Chilena de *Full Contact*. Ainda no Chile, destacaram-se Horácio Doglióli e Esteban Garcia.

- **Sergio Batarelli**

Sergio Batarelli foi o responsável por uma maior expansão do *Full Contact* no Brasil, por meio de lutas e títulos conquistados, programas na TV, representações que trouxe do exterior, eventos que realizou, atletas que impulsionou, investidores que conseguiu, mais a imprensa sempre presente e muito *marketing*.

Segundo entrevista concedida à revista *Combat Sport*, número 1, ano 1, Batarelli começou a treinar *Kung Fu* em 1970. E, 1985, começou a organizar alguma coisa de *Full Contact*. Ainda segundo a entrevista, nessa época chegaram a proibir a realização de um evento de *Full*, em Santo André – SP, porque os atletas que iam lutar eram de TKD. Batarelli era diretor e secretário-geral da Federação Paulista de Pugilismo e do Departamento de *Kung Fu*, além de árbitro de Boxe. O Sr. Ivo Bento Garcia, presidente da Federação Paulista de Pugilismo, criou um departamento de *Full Contact* que Batarelli assumiu.

Foi nessa época, também, que Batarelli criou a ABRAFUCON – Associação Brasileira de *Full Contact* –, dando maior força ao esporte.

Batarelli dava aulas de *Full* numa academia que mantinha na Avenida Rio Branco, em São Paulo. Mas depois de uma apresentação que deu no Ginásio Ibirapuera, em 1982, conheceu Ricardo D'Elia, que havia montado a Cia. Atlética. A convite de D'Elia, Batarelli fechou sua academia e passou a dar aulas na Cia. Atlética – onde permaneceu por 4 anos. D'Elia foi também seu preparador físico nas lutas realizadas no período. A intenção era levar o *Full* à categoria de esporte "A", com remuneração e patrocínios. Mais tarde, em 5 de novembro de 1989, Batarelli criaria a Companhia Paulista de Lutas, em associação com Johannes Freiberg, o "Camarão" do *Karate*, e Paulo Wenstat.

Voltando um pouco no tempo, em 1985, propuseram a Batarelli lutar com Rei Zulu. Disse Batarelli em entrevista concedida à revista *Combat Sport*, número 7 (nova fase): "Eu nem sabia o que era Vale Tudo, sabia que gostava de lutar e topei".

"Foi no Maracanãzinho lotado, perdi por estrangulamento, sem bater!" e continua: "Conquistei, por isso, o respeito da Família Gracie. E também fui treinar Jiu Jitsu, toda semana, no Rio, com Flávio Behring".

O fato é que Batarelli apanhou muito de Zulu e isso foi prejudicial à sua imagem e aos seus negócios na época. Batarelli alega que quis revanche, mas Zulu não aceitou.

Por volta de 1988, Sergio Batarelli começou a fazer contatos com a organização norte-americano ISKA – International Sport *Kick Boxing* Association –, entidade dirigida por Mike Sawer. Em 20 de junho de 1990, embarcava com seu aluno Alessandro para Gainsville, na Flórida (EUA), sede da ISKA. Num encontro de mais de três horas a portas fechadas com SAWER, Batarelli exibiu todas as suas credenciais do Brasil e conseguiu a representação da entidade. Acertou também a luta pelo título mundial, categoria profissional peso pesado de *Full Contact* (8 de outubro, no Brasil).

Da Flórida, Batarelli rumou para o famoso Jet Center de Benny Urquidez.

Foi recebido por Bill Wallace, conheceu nomes como Stan *"The Man"* Longlinidis, Merek Protrowiski, Peter Cunninghan e outros campeões. Ao regressar ao Brasil, implantou algumas técnicas do Jet Center em seu sistema.

No dia 8 de junho, no Projeto São Paulo, com transmissão ao vivo para todo o Brasil pela TV Bandeirantes, Batarelli lutou com Richard Kimber – que substituía Tom Wall – pelo título intercontinental superpesado de *Full Contact*, vencendo por KO no quinto assalto.

Batarelli tornou-se muito amigo de Kiko – sócio de Luciano do Valle, do *Show do Esporte* (da extinta Luke – Bandeirantes). Teve suas lutas promovidas, chegando a campeão mundial. Suas aparições nos programas *Show do Esporte, Esporte Espetacular* e *Esporte Total* (em 1985) ajudaram a divulgar o *Full Contact*.

Também por um bom tempo, Batarelli manteve uma coluna chamada *"Por Dentro do Ringue"* nas páginas da revista *Combat Sport*, trazendo aos leitores todas as novidades referentes ao *Full* e às atividades a que estava ligado. Aliás, essa coluna me ajudou a levantar muitos dados apresentados neste livro.

Hoje, apesar de não lutar mais, Batarelli continua promovendo eventos, principalmente na região Nordeste, com o apoio da TV e das imprensas locais.

Batarelli é árbitro internacional, atua do *Pride* do Japão, o mais prestigiado evento de Vale Tudo do mundo, que agrega umas 50 mil pessoas, com transmissão ao vivo para o Japão e para a TV a cabo. É bastante conhecido no exterior como dirigente; mantém importantes contratos, que envolvem nomes como Don King e Mike Sawer.

Álvaro Aguiar

Começou sua carreira nas artes-marciais em 1969 no *Hapkido* com o mestre Kang, além de treinar Boxe com seu pai, ex-pugilista. Posteriormente, Álvaro inaugurou sua famosa e humilde academia Tigre, no bairro do Bom Retiro. Como era ao lado da academia do mestre Markus Tullius, ele fez amizade com alunos de Tullius e foi convidado a dar uma demonstração na academia deste. Para o espanto de todos, e um choque para meu mestre Markus Tullius, Álvaro foi nocauteando um a um dos alunos de Tullius! O mestre, impressionado com a técnica fantástica de Álvaro, o convidou imediatamente para treinar e fazer parte de sua equipe, ainda então no *Kung Fu* estilo *Taisan*. Isso foi no começo da década de 1980. Álvaro continuou treinando e se destacando.

Passado um tempo, Álvaro se desligou da equipe e foi procurar outros caminhos. Foi campeão de *Tae Kwon Do*; no Rio de Janeiro desafiou todo mundo do *Muay Thai* da época, e fez uma luta duríssima com Marco Narani.

Depois, já em 1988, Álvaro ingressou no Boxe, foi campeão dos Jogos Abertos do Interior, campeão da Forja dos Campeões. Sem ter onde lutar, e ser boicotado para as Olimpíadas, seu grande sonho, e sua eterna frustração, em 1993, embarcou para os Estados Unidos com a equipe do Sifu Amaral, e logo no primeiro campeonato foi campeão, posteriormente foi campeão no Campeonato Internacional de Todas as Artes.

Foi campeão americano de *Muay Thai*, pela equipe do famoso mestre Koban. Treinou no Jet Center com Benny Urquidez.

Conquistou o título mundial de *Muay Thai* pela IMTO – International Muay Thai Organization –, tornando-se assim o primeiro brasileiro a ser campeão mundial nessa modalidade.

Após 13 anos, Álvaro retornou para o Brasil, onde continua seu trabalho de técnico e professor de lutas, seja no *Kick Boxing*, *Muay Thai*, Boxe ou *Hapkido*.

Ele deixou e formou um legado de alunos famosos, inclusive alguns que se tornariam Mestres! Entre eles estão: Nilson Peralta, Marcelo Estrela, o autor deste livro – Serginho, Roney Alex, Paulo Nikolai e Aílton Pessoa de Melo, ex-campeão de Boxe na categoria médio-ligeiro! Maguila, também foi aluno de Álvaro, mas não se interessou pelas artes-marciais e migrou para o Boxe.

Atualmente, Álvaro é mestre 5º Dan de *Hapkido*, único seguidor do estilo do mestre Kang, tem campeões renomados no circuito das lutas, como Anderson Sol, e treina, diariamente, esperando voltar a lutar.

- **Paulo Zorello**

Tricampeão mundial, campeão sul-americano, campeão brasileiro de *Kick Boxing*, Paulo Zorello começou a fazer *Kung Fu* estilo Leopardo com mestre Yen, em 1976. No início de 1983, decidiu participar do Campeonato Brasileiro de *Kung Fu* que seria realizado em outubro daquele ano no círculo militar, São Paulo. Foi lá que decidiu aprimorar seus treinamentos com Markus Tullius, visando essa competição. Sagrou-se campeão nas categorias pesado e absoluto. Também fez Pugilismo na C.A. Pirelli, dos lendários técnicos Antônio Carollo e Servilio de Oliveira, tornou-se campeão nos Jogos Abertos do Interior (1985), campeão da Forja de Campeões e encerrou a carreira pugilística.

É presidente da Confederação Brasileira de *Kick Boxing* – CBKB –, entidade filiada a WAKO – Word Association of *Kick Boxing* Organizations –, representando-a em toda América do Sul. Realiza e organiza torneios no território nacional e participa do cenário internacional pela égide da WAKO. Em julho de 2001, Zorello oficialmente encerrou sua carreira como atleta de *Kick Boxing* com 39 lutas, 38 vitórias e 1 derrota. Hoje seu objetivo é difundir a prática do *Kick Boxing*, além de proporcionar oportunidade para a conquista de novos títulos mundiais para o Brasil, casos de André Roubert (RJ) no *Light Contact*, Josenildo "Joca" Soares (BA) no *Full Contact* e no *Low kick's*, e Wagner Stivi (GO) no *Low kick's*. O calendário de atividades é bastante movimentado em número de eventos e disputas de títulos sul-americanos e mundiais.

• Isaul Marcos "Torrão" Soares

Torrão começou a praticar em 1979, na época em que aconteciam as primeiras lutas de *Kung Fu* com luvas no Brasil, pelo pioneirismo de Markus Tullius. Segundo Torrão, as pessoas chamavam essas lutas de *Kick Boxing*.

Em 1983, aconteceu o primeiro torneio de *Kung Fu* com contato, no Ibirapuera, São Paulo. Torrão foi vice-campeão, ficando o cinturão com o atleta Jorge, do Rio Grande do Norte. Nessa ocasião, Torrão conhece o pessoal da academia Ken, na Estação da Luz, uma academia na Avenida São João, onde as aulas eram ministradas pelo Prof. Ademur. Torrão participou de torneios de *Karate* de contato *Kyokushin*, sem "ser formado por ninguém", segundo suas palavras.

Em 1980, em Jundiaí – SP, entrou em toda a espécie de torneios: *Kung Fu*, *Karate*, Contato Total, *Full Contact* e *Kick Boxing*.

Em razão de alguns desentendimentos com os dirigentes do *kick*, afastou--se e foi para Boxe. Esteve na Forja dos Campeões em 1983, consagrando-se campeão.

Em 1990 foi campeão sul-americano, mas seu título não fora homologado. Torrão fez a preliminar contra um paraguaio, na disputa do título intercontinental de Batarelli contra um atleta chamado Richard. Como Batarelli não reconhecera seu título, Torrão veio de Jundiaí para São Paulo e afastou-se da Federação de Batarelli, entrando num período de ostracismo, embora continuasse lutando em várias cidades do interior pelo Brasil. Seu nome forte garantiu sua volta. Foi quando passou a lutar pela ISKA – representada no Brasil por Evilázio Feitosa que obteve a concessão em 1993, de Juan Pinilla, da Espanha e que, em 1997 passou temporariamente às mãos do Sr. Arnaldo Pereira, editor da revista *Combat Sport*.

Quando Juan Pinilla veio para o Brasil, trazendo o campeão português Fernando Fernandes, Torrão deveria ser o adversário de Fernandes, mas este, não se sabe por que, acabou lutando com Ricardo Freire, em 30 de outubro de 1994.

De qualquer forma, Torrão foi apresentado a Pinilla e veio à tona a história de seu título não estar homologado.

Torrão fez uma luta em Jundiaí, logo a seguir, contra o uruguaio Jorge Cuenca e conquistou outro cinturão sul-americano. Por meio de Evilázio Feitosa conseguiu lutar na Espanha contra Chinto, pelo título mundial de *Kick Boxing*, em 20 de agosto de 1995, perdendo por pontos. Mas logo a seguir, também por meio de Evilásio Feitosa, voltando ao Brasil, faz um evento em Jundiaí, com a presença de Juan Penilla. Conseguiu trazer um adversário da Espanha e disputar o Título Mundial ISKA, conquistando o cinturão.

- **Marcelo Estrella de Assis**

Praticante de artes-marciais desde os 6 anos de idade e muito apaixonado pelos diversos estilos da modalidade, Marcelo Estrella prestou sua contribuição ao nosso *Kick Boxing*, pelas informações e técnicas de suas pioneiras viagens aos E.U.A, onde batalhou por uma bolsa de treinamento desde 1987, conseguindo treinar com Benny Urquidez no, então, famosíssimo Jet Center, a partir de 1989. Lá fez duas lutas e ganhou ambas, treinou com Bill Wallace e Peter Cunninghan, sendo o único brasileiro formado no estilo de Benny Urquidez, o *Ukidokan*. Posteriormente, formou-se em Comunicação, e começou a escrever para diversos veículos de mídia, atividade que realiza até hoje.

Esteve no K-1 do Japão duas vezes, em 1997 e 1998, sendo também o único brasileiro a cobrir pessoalmente esse evento.

Um fato curioso: Marcelo Estrella é formado em *Kick Boxing* por um aluno de Álvaro de Aguiar, Nilson Peralta, mas sua formação se deve, principalmente de caráter, a Markus Tullius. Também considera fundamental citar a influência que teve, em todos os aspectos de sua vida, quando começou a treinar Boxe, em 1988, com Messias Gomes, que o faz até hoje.

- **Alessandro Gatto**

Iniciou sua carreira nas artes marciais pelo Judô, foi campeão regional de TKD e em 1983 foi para a Itália, onde disputou lutas no circuito europeu. Em 1987, lutou o Mundial da Alemanha, fazendo parte da primeira equipe WAKO Brasil. Em 1990, ficou em terceiro lugar no Mundial de Veneza, Itália, eliminando o favorito N. Saag, atleta turco, campeão mundial profissional WKA.

Entrou em contato, na Itália, com Massimo Liberati e Paolo Liberati e, por ocasião do Mundial de Veneza, encontrava-se na Itália com seu aluno de Goiânia, Gladston Magno Neves. Foi então que sugeriu a Massimo Liberati que o levasse a disputar esse Mundial pelo Brasil, visto que dali poderia dar continuidade a sigla WAKO no Brasil, anteriormente nas mãos de Alfredo Apicella que abandonara o trabalho. Foi nessa ocasião que se comunicou com Paulo Zorello – que havia conhecido por ocasião de uma luta feita contra o atleta Baito – e o convidou para ir à Itália, apresentando-o a Massimo, Paolo e a Ennio Falsoni.

Alessandro Gatto teve um papel muito importante no intercâmbio Brasil/Itália e é o responsável pela introdução do *Full* em Goiás, em 1984.

- **Eduardo Canuto**

Eduardo Canuto procurou a Academia Combat Sport já com certa experiência em lutas de contato, com a finalidade de aprimorar sua técnica e fazer o curso de aperfeiçoamento com Luis Augusto Alvarenga, para iniciar sua carreira no *Full Contact*. Por indicação da própria Combat Sport – por causa da rescisão de contrato entre esta e Luis Augusto Alvarenga –, passou a ter aulas com Sergio Batarelli, com quem continua até hoje.

Canuto disputou títulos importantes, conseguindo, por sua competência e seu trabalho em parceria com Sergio Batarelli, um *status* muito grande na região Nordeste do país. Há fitas e outros registros que comprovam sua eficiência nas disputas que fez em ginásios lotados. Conquistando vários títulos, incluindo um mundial. É irmão de Márcio Canuto, repórter da Rede Globo, e amigo de Pantera Negra, que o ajudou servindo-lhe também como *sparring*.

Entre outros nomes importantes que contribuíram para a história do *Full Contact*, podemos citar, rapidamente, The Pedro – um dos atletas mais antigos, que iniciou uma grande carreira, mas depois optou pelo Vale Tudo, no Rio de Janeiro.

▪ Francisco Santos

Francisco Santos, faixa preta 3º Dan, começou a treinar *Kung Fu Taisan* em 1978, com o Prof. Markus Tullius, pessoa a qual admira muito como um grande mestre.

Na época em que Tullius estava introduzindo o *Full Contact*, essa modalidade era muito discriminada, pois valia projeções, soco giratório, na verdade era contato pleno.

Fez um pouco de Boxe, *Tae Kwon Do*, *Karate Kiokushin* depois foi trabalhar com a WAKO, com Paulo Zorello, realizou várias lutas e ganhou alguns títulos:

- ▪ Campeão Brasileiro de *Full Contact*.
- ▪ Campeão Brasileiro de *Low kick´s*.
- ▪ Campeão Intercontinental de *Low kick´s*, título disputado em Milão/ Itália.

Hoje, tenta passar para seus alunos tudo que aprendeu com esses grandes mestres, que o instruíram e o inspiraram, porque o ensinamento de um grande mestre não se dissolve, ele se aperfeiçoa com o tempo, a quem dirige seu agradecimento: "obrigado Prof. Markus Tullius e Shihan Seji Ysobe".

Criou seu próprio grupo de formandos com:

- José Barbosa (Barbosinha);
- Eugênio Sena;
- Gilmar de Souza;
- Jose Carlos Oliveira;
- Wellington Santos (Salsicha);
- Eduildes de Jesus (Chicão);
- Valmir dos Santos;
- Rubens Santos (Maguilinha);
- Yuri Bueno e Yago Bueno – meus filhos;
- Vaquer Ribeiro;
- Assis de Souza;
- Lucas (Sopa);
- Edaildo Néri;
- Nelson Mota;
- Evertaneo (Lagoa);
- Elizabeth Gomes;
- Cledison de Jesus;
- Alan Nascimento;
- Maruo Huck;
- Victoria Bueno;
- Mairoel Dias;
- Jovano Santos, entre outros.

- **Belocqua Wera – José Belarmino de Oliveira**

  - faixa preta de *Tae Kwon Do*, formado pelo mestre Bong Suh Sipalki-do;
  - formado pelo mestre Roque Barreto, Argentina *Karate Full Contact*;

- faixa preta 4º Dan, Instituto Chong Ji, Assunção/Paraguai;
- mestre Miguel Angel Senz *Kick Boxing*, mestre e técnico da Federação Paulista e Confederação Brasileira de *Kick Boxing*/*Muay Thai*;
- cursou com o Mestre Augusto, Instituto Never Shake, Portugal;
- praticou Boxe com Servilho de Oliveira e Antonio Carollo, Curso Confederação Brasileira de Boxe Olímpico.

> *"Não fui um menino de rua como muitos lutadores, políticos, empresários bem sucedidos, artistas etc., fui um menino da roça, das matas e das montanhas de Minas Gerais, mas precisamente de Taparuba, Zona da mata, região norte do estado, fui também das planícies de Campos dos Goytacazes, Norte do Rio de Janeiro, onde aprendi desde cedo a Arte da Sobrevivência, que é a arte de amar, respeitar, lutar e nunca desistir da vida e dos meus ideais, essa é a filosofia dos meus antepassados que viveram por milhares de anos nessa Região, foram eles os nativos: Goytacazes, Aimorés e Puris, que lutaram por vários séculos defendendo seus ideais de vida e continuam lutando através de seus descendentes."*

Sonho olímpico

Quando começou a praticar as lutas e artes marciais, não imaginava onde poderia chegar, mais antes de qualquer coisa sonhava com uma medalha olímpica, só nunca imaginou que essa medalha pudesse vir com uma modalidade que ajudou a criar. Foi treinador profissional de *Kick Boxing*, conquistou três títulos mundiais, alguns títulos intercontinentais, outros sul-americanos, brasileiros etc., com atletas como o Professor Serginho, Ailton Pessoa, Francisco Veras, Tadeu San Martino, entre outros.

Foi também treinador da Seleção Brasileira Amadora e Profissional de *Kick Boxing*, e as conquistas mais importantes foram, com a seleção profissional, vitórias contra as seleções da Rússia, Alemanha, Itália, Argentina.

E com a seleção Amadora, foi o I Pan-Americano Open de *Kick Boxing*, realizado no Brasil. Um campeonato com características de Mundial, que contou com a participação dos países das Américas e países convidados como: Rússia, Paquistão, Hungria, Itália, Polônia, Comunidades CEI e França.

Tudo começou quando foi convidado para treinar o Campeão Paulo Zorello e as Seleções Brasileiras de *Kick Boxing*, época em que já tinha um estilo de luta definido, desenvolvido, a partir das lutas e artes marciais, em que se formou, e mais experiências adquiridas dentro dos ringues, tatames e da arte de sobrevivência adquirida nos desafios da vida.

Com a inclusão do *Kick Boxing* nos Jogos Abertos do Interior e Jogos Olímpicos, aquele antigo sonho olímpico, que estava quase morrendo, renasceu com força total em seu coração.

O *Kick Boxing* praticado no Brasil é o *Kick Boxing* brasileiro, ou seja, ele foi desenvolvido por nós brasileiros, sem influências externas, é uma modalidade que conta com a criatividade, a força, a astúcia, e, principalmente, com a essência do espírito guerreiro do verdadeiro brasileiro.

Foi assim que se conseguiu fazer que um esporte que surgiu no Brasil, vindo dos Estados Unidos, a pouco mais de 35 anos atrás, com o nome de *Karate Full Contact*, ou *Killer Karate* – o *Karate* da morte –, algo que assombrava, que afugentava muitos lutadores do ringue pelo perigo, uma modalidade que era alvo de muitas críticas de mestres de outras modalidades de artes marciais e de lutas no geral, e que também era alvo de críticas e preconceitos de algumas pessoas na sociedade, que não admitiam a possibilidade que estava surgindo, onde por meio de um esporte o brasileiro pudesse mostrar o seu verdadeiro valor, a sua força, coragem, criatividade e seu verdadeiro espírito guerreiro, seu espírito de vencedor.

Por sorte existiam pessoas que acreditavam, e, principalmente, existiam guerreiros que não temiam a própria morte e se lançavam nas competições do *Full Contact*, traduzido por Contato Total. Dentre essas pessoas, Belocqua estava lá, lutando para transformar aquela modalidade num esporte reconhecido como é hoje. Primeiramente lutou com os conhecimentos adquiridos com a prática do Boxe, que iniciou nos treinamentos em 1970, e do *Tae Kwon Do*, que se formou faixa preta em 1975, com mestre Bong Suh Park. Posteriormente foi desenvolvendo um estilo próprio, adaptado às necessidades das competições de *contato pleno*, algo bem próximo do que hoje se conhece como o atual *Kick Boxing* nas modalidades de: *K1 rules*, *Low kicks* e o próprio *Full Contact*, além do *Muay Thai*, M.M.A, e o K1 e K-1 Max, que são os maiores torneios de Artes Marciais do mundo, realizados no Japão, nas categorias de pesado e médio.

A verdade é que o *Kick Boxing* brasileiro é uma modalidade vencedora e muito respeitada pelo mundo inteiro, e os motivos são as participações e os títulos mundiais conquistados, nas várias modalidades de contato pleno, em que os praticantes de *Kick Boxing* têm suas participações.

No ano de 2009, recebeu homenagem como técnico e um dos criadores do *Kick Boxing* Brasileiro da Câmara Municipal de São Paulo, pela Federação Paulista de *Kick Boxing*, por meio do Presidente Christian Andreolli, e da Confederação Brasileira de *Kick Boxing*, pelas mãos do Presidente Sr. Paulo Zorello.

No ano de 2010, mais precisamente no dia 1 de março, recebi homenagem da Secretaria de Esporte, Lazer e Turismo do Estado de São Paulo, Federação Paulista de *Kick Boxing* e Confederação Paulista de *Kick Boxing*, pela inclusão da modalidade no calendário oficial dos Jogos Abertos de Interior, assinado pelo Secretário Claury Santos da Silva.

Agora, Belocqua batalha para formar uma equipe representante de sua cidade, São Bernardo do Campo, primeiramente nos Jogos Abertos do Interior e posteriormente nos Jogos Olímpicos, para isso conta com o apoio e a colaboração dos dirigentes desportivos da cidade, Federação e Confederação do *Kick Boxing*.

Quando começou a praticar as lutas e as artes marciais, não imaginava onde poderia chegar, mas antes de qualquer coisa, sonhava com uma medalha olímpica, só nunca imaginou que essa medalha pudesse vir com uma modalidade que ajudou a criar. Belocqua foi um treinador profissional de *Kick Boxing*, conquistou três títulos mundiais, alguns títulos intercontinentais, outros sul-americanos, brasileiros.

Foi também treinador da seleção Amadora e Profissional de *Kick Boxing*, e obteve as conquistas mais importantes contra as seleções da Rússia, Alemanha, Itália e Argentina.

E com a seleção amadora foi ao 1° Pan-Americano Open de *Kick Boxing*, campeonato mundial, em que estavam presentes as seleções da Rússia, Paquistão, Hungria, Itália, Polônia, Comunidades CEI e França.

3.3 Pessoas muito importantes para o crescimento do *Kick Boxing*

Podemos citar:

- Prof. Isaias, que fez um trabalho muito forte na região Norte de São Paulo;
- Ezequiel Campeão Sul-americano;
- Flavio José (um dos pioneiros da *Taisan*);
- Edimilson (Mimi);
- Xepa;
- Valter Mota;
- Edmilson Alves;
- Nilton Nascimento;
- Raimundo Monato;
- José Roberto (Caranguejo);
- Cláudio Santos;
- Valtão;
- Valter Hirata (famoso pelos seus chutes);
- Crânícula (*in memoriam*);
- Paulo Cesar (*in memoriam*);
- Genessi Lins da Silva (*in memoriam*);
- Claudio Santana (faz um trabalho muito forte. Fortaleza/CE);
- Salvador de Ibiuna;
- Expedito Pantera Negra;
- Ricardo Jacó;
- Altassete Batista;
- Moises Gibi (Bicampeão Mundial);
- André Robert (Campeão Mundial);

- Aldiney Aguilar (*in memoriam*);
- Marcos Rodrigues (Campeão Sul-americano);
- Ronei Alex Luis Gonzáles;
- Ricardo Freire (*in memoriam*);
- Nilson Ozoni;
- André Alex Lima;
- João Mauricio;
- Antonio Gonçalves;
- Ricardo Jacó;
- Altassete;
- Osmar Dias (*in memoriam*);
- Paulo Nicolai.

E dirigentes como:

- Sr. Arnaldo Pereira (Combat sport);
- Paulo Zorello;
- Maria José (Majó);
- Hamilton Machado;
- Freitas;
- Cristhian Andreossi;
- Evilazio Feitosa;
- Daniel Lucena;
- Ademir da Costa;
- Maurício Neto etc.

4
Kick Boxing hoje

4.1 Dia do *Kick Boxing*

Lei Nº 14.913 de 1º de Abril de 2009.
(Projeto de Lei Nº 562/08)
(Vereador Celso Jatene – PTB)

> *Altera a Lei nº 14.485, de 19 de julho de 2007, com a finalidade de incluir no Calendário de Eventos da Cidade de São Paulo o "Dia do KickBoxing", a ser comemorado anualmente no dia 25 de setembro, e dá outras providências.*

Antonio Carlos Rodrigues, Presidente da Câmara Municipal de São Paulo, faz saber que a Câmara Municipal de São Paulo, de acordo com o § 7º do artigo 42 da Lei Orgânica do Município de São Paulo, promulga a seguinte Lei:

Art. 1º – Fica acrescida alínea ao inciso CCI do art. 7º da Lei nº 14.485, de 19 de julho de 2007, incluindo no Calendário de Eventos da Cidade de São Paulo o "Dia do KickBoxing", a ser comemorado, anualmente, no dia 25 de setembro.

4.2 *Kick Boxing* entra oficialmente para os jogos abertos do interior

Esporte,
Lazer e Turismo

GABINETE DO SECRETÁRIO

Resolução SELT - 3, de 4-2-2010

Normatiza a inclusão de modalidade nos jogos abertos do interior "Horácio Baby Barioni"

O Secretário de Estado de Esporte, Lazer e Turismo resolve:
Artigo 1º - Fica incluída na condição de oficial de conformidade com a Resolução SEJEL – 03, de 26 de fevereiro de 2003, a modalidade Kick Boxing nas disputas dos Jogos Abertos do Interior "Horácio Baby Barioni".

Artigo 2º – O Município sede deverá proporcionar as condições adequadas à realização da modalidade.

Artigo 3º – A modalidade deverá ter número mínimo de 16 municípios participantes, sendo excluída no ano subsequente, caso isso não ocorra.

Artigo 4º – Os procedimentos dos municípios para inscrições das equipes e entrega das relações nominais serão os mesmos das modalidades oficiais.

Artigo 5º – Esta Resolução entrará em vigor na data de sua publicação, retroagindo seus efeitos a 27 de janeiro de 2010.

Diário Oficial de 05.02.2010.

4.3 Palavras de Paulo Zorello

"Dizer que o esporte está atravessando uma grande fase é, no mínimo, simplista.

Ser campeões em todas as edições dos Campeonatos Sul-americanos e Pan-americanos; conquistar oito medalhas nas edições dos Mundiais WAKO 2010; oficializar a modalidade nos Jogos Abertos do Interior/SP; manter convênios para realização de eventos e projetos com as autarquias estaduais e municipais; realizar dezenas de eventos nacionalmente durante o ano; levar atletas para combater no exterior, investir cada vez mais na qualidade e na capacitação do quadro arbitral nacional; investir constantemente na divisão amadora – base da estrutura mundial da WAKO –; dar maior visibilidade à divisão profissional fechando parcerias importantes como o *Jungle Fight*; para citar alguns pontos, leva a crer que o esporte vive um momento especial, uma grande fase, repito.

Na verdade é isso, mas não é uma grande fase. É fruto do trabalho contínuo de atletas que acreditaram na entidade, há anos participando do circuito nacional e internacional constantemente.

É fruto do árduo trabalho dos professores que há alguns anos tinham de manter um trabalho em outra área para poder ensinar o *Kick Boxing* à noite, ou nos finais de semana, enfim, como segunda profissão. Isso mudou, as academias estão cheias, e, na maioria dos casos, temos profissionais do esporte trabalhando exclusivamente na área.

É fruto do trabalho dedicado e constante dos presidentes de Federação que trilharam juntos a história da entidade desde o Brasileirão de 1991 no Distrito Federal, desde a fundação da entidade no Brasileirão de 1993, em Cruz Alta/RS, e que agora estão à frente de entidades fortes e organizadas, que mantêm vínculos com as autarquias estaduais, promovendo e fazendo crescer o esporte dia a dia.

Chegar à histórica vigésima edição, ininterrupta, do Brasileirão, mostra que acima de uma grande fase, o esporte *Kick Boxing*, trabalhou muito para ocupar o espaço. Estamos atravessando uma grande fase, uma fase vencedora, mas não é somente neste momento, já faz vinte anos.

Parabéns a todos que fizeram e fazem parte desta história de conquistas."

5
Técnicas de *Kick Boxing* e suas modalidades e regras[*]

---

* Texto extraído e adaptado da Apostila Arbitral (Junho, 2010).

5.1 *Musical forms*

Art. 1 – A modalidade é disputada em uma área quadrada de tatame emborrachado, com as medidas entre 8 x 8 a 10 x 10 metros de cada lado.

Art. 2 – A modalidade é dividida em duas categorias por idade:

Sub 17
Até 15 anos e 16/17 anos (masculino e feminino)

Adulto
Atletas com 18 anos completos ou mais (masculino e feminino)

Modalidade com movimentos cadenciados com a batida da música escolhida, com ou sem armas.

Armas utilizadas:

- bastão flexível;
- espadas longa ou curta;
- corrente;
- chicote;
- leque;
- corda;
- espadas curva ou dupla, entre outras.

Julga-se o competidor, observando-se quatro critérios:

1) manipulação de arma;

2) sincronização;

3) grau de dificuldade;

4) montagem da apresentação.

5.2 *Semi Contact*

> Art. 1 – O lugar do combate deve ser uma superfície quadrada e lisa de 6 a 8 metros de lado, constituído de tatame emborrachado, não delimitado de corda. Se por outras circunstâncias as condições descritas no artigo não puderem ser seguidas, a decisão tomada será a do comissário de reuniões.

5.2.1 Vestimentas dos combatentes

Os atletas do *Kick Boxing Semi Contact* devem apresentar-se ao combate munidos de uniformes regulamentares, compostos de calça longa até a altura do tornozelo e uma camiseta com manga da mesma cor, salvo autorização particular. Na cintura, o atleta deve portar uma faixa de graduação, atestando seu nível técnico. A blusa do uniforme pode ter o nome da academia e seu responsável, além de patrocinadores. O uniforme deve estar limpo.

Os materiais de proteção obrigatórios são: protetor de cabeça, protetor de dentes, luvas específicas para o *Semi Contact*, coquilha (por debaixo da calça, somente para homens), protetor de seios (por debaixo da blusa, somente para mulheres), protetor de canela e protetor de pé.

Além desse material, todos os atletas do Sub 17 (masculino e feminino), deverão usar protetor de tórax.

Os atletas devem cortar suas unhas antes de participar de um combate. É proibido portar qualquer objeto metálico, como correntes, anéis, óculos, *piercing*, brincos etc., que possam causar ferimentos a si próprio ou a seu adversário.

Se o árbitro verificar que as unhas dos pés ou das mãos do atleta estiverem grandes, este terá 1 minuto para cortá-las, sob pena de desclassificação.

Os atletas devem apresentar-se ao combate com luvas e calçados colocados. As luvas devem ser as específicas para a modalidade.

5.2.2 O combate

Os combatentes devem estar na posição em pé, separados cerca de 2 metros, no centro do quadrado do combate, face a face, e devem se saudar com uma indicação ligeira ou podem tocar as luvas significando um aperto de mão. O combate deverá começar logo após o anúncio, por parte do árbitro central pelas palavras: Combate!, Contato! ou fight!

Ao final do tempo regulamentar do combate, os atletas deverão retornar à posição inicial, fazendo novamente a saudação. Após a proclamação de vencedor, deixarão o quadrado segundo a indicação do árbitro central.

No combate de *Kick Boxing*, na modalidade de *Semi Contact*, vence o atleta que ao final do tempo regulamentar totalizar mais pontos ou obter uma diferença de 10 pontos durante a luta.

No combate de *Kick Boxing* na modalidade *Semi Contact* pode-se atacar somente a parte frontal e lateral do rosto, além do alto da cabeça com golpes de punhos (fechado ou mão aberta com o dorso da mão) e de pés (chutes). Todas as técnicas de punho de maneira controlada valem 1 ponto. Todos os golpes de pernas com um pé em apoio que toque o tronco, valem 1 ponto. Vale 2 pontos o chute que toque a cabeça (frente ou lado), estando o outro pé apoiado e ainda o chute saltado que toque o tronco (frente ou lado). Vale 3 pontos a técnica de perna que chegar a cabeça sem haver nenhum pé apoiado.

Só são permitidos os golpes acima da linha da cintura.

É permitido no combate *Kick Boxing* na modalidade *Semi Contact* passar a rasteira no adversário, desde que, seja baixa (tornozelo). Uma rasteira que faça cair o adversário – é suficiente que toque qualquer parte do corpo no tatame –, vale 1 ponto. O atleta que aplica o golpe não pode apoiar-se com outra parte do corpo, senão os pés. Não é permitida também a rasteira contra-articular.

5.2.3 Ações proibidas

Art. 28 – São tidas como proibidas as seguintes ações:

A – Golpear sem controle.

B – Atacar com a cabeça, joelhos, cotovelos ou canela.

C – Atacar ou simular um ataque aos olhos.

D – Morder ou arranhar.

E – Golpear a garganta, nuca e parte posterior da cabeça.

F – Executar torções articulares.

G – Atacar abaixo da cintura.

H – Passar uma rasteira em sentido contrário à articulação.

I – Gritar sem razão, fazer gestos que desacatem o adversário ou os árbitros.

J – Esquecer, em qualquer momento, a ética esportiva.

L – Perder tempo voluntariamente e assim evitar o combate.

M – Sair do lugar do combate (Art. 26).

N – Colocar o uniforme em ordem sem a autorização do árbitro.

O – Falar durante o combate.

P – Não obedecer imediatamente às ordens do árbitro.

Q – Quando intencionalmente o atleta virar de costas caracterizando que está fugindo do combate.

5.3 *Light Contact* (CBKB, 2010)

5.3.1 Local de combate

Art. 1 – O lugar do combate deve ser uma superfície quadrada e lisa de 6 a 8 metros de lado, constituído de tatame emborrachado, não delimitado de corda. Se por outras circunstâncias as condições descritas no artigo não puderem ser seguidas, a decisão tomada será a do comissário de reuniões.

5.3.2 Vestimentas dos combatentes

Art. 2 – Os atletas do *Kick Boxing* na modalidade *Light Contact*, devem apresentar-se ao combate munidos de uniformes regulamentares, compostos de calça longa (específica do *Kick Boxing*) até a altura do tornozelo, camisa (sempre com manga), blusão ou camiseta específica, que represente a sua Associação, e também, pode portar o nome do responsável, além de patrocinadores (salvo autorização especial). O uniforme deve estar limpo. Deve também ostentar na cintura, a faixa de graduação, confirmando seu nível técnico.

Art. 3 – Os materiais de proteção obrigatórios são: protetor de cabeça, protetor de dentes, luva 12 onça, coquilha (somente para homens), protetor de seios (somente para mulheres), protetor de canela, protetor de pé e atadura.

Parágrafo único – E além desses materiais, todos os atletas do Sub 17 (masculino e feminino), deverão usar protetor de tórax.

5.3.3 O combate

Os atletas devem cortar suas unhas antes de participar de um combate. É proibido portar qualquer objeto metálico, como correntes, anéis, óculos, *piercing*, brincos etc., que possam causar ferimentos a si próprio ou a seu adversário.

Se o árbitro verificar que as unhas dos pés ou das mãos do atleta estiverem grandes, este terá 2 minutso para cortá-las, sob pena de desclassificação.

Os combates de *Kick Boxing* na modalidade *Light Contact*, sempre serão de 3 *round*s de 2 minutos de duração, com 1 minuto de intervalo entre eles. Sempre deve obedecer a essa duração nos combates classificatórios ou finais, salvo autorização especial da Confederação.

Ao iniciar o combate de *Kick Boxing* na modalidade *Light Contact*, os atletas devem posicionar-se em pé, distantes no mínimo 2 metros, entre si, no centro da área, frente a frente. Devem fazer um cumprimento, inclinando-se e tocando as luvas com o braço estendido.

Nos combates por equipe, as equipes farão o mesmo tipo de saudação, em seguida, os atletas se retirarão do tatame, permanecendo neste somente aqueles que forem dar início ao combate.

Nos combates de *Kick Boxing* na modalidade *Light Contact*, só se pode tocar a parte frontal e lateral do tronco e da cabeça, com golpes de mãos e de pés (com exceção do chute cobertura, que toca a parte superior da cabeça). Qualquer técnica que tocar o outro combatente deve ser controlada. As técnicas do *Kick Boxing* na modalidade *Light Contact* devem ter: velocidade, precisão e, principalmente, serem controladas e continuadas.

No *Kick Boxing* na modalidade *Light Contact*, é permitido utilizar-se das rasteiras, que devem ser desferidas com a sola do pé do atacante, tocando a perna do outro combatente na altura do tornozelo. Essa técnica não pode ser utilizada em movimento contra-articular. O atleta que utiliza esse golpe deve apoiar-se somente com um dos pés no solo e nenhuma outra parte do corpo.

Não é permitido nenhum tipo de ataque abaixo da linha de cintura, com exceção da rasteira.

Um combate de *Kick Boxing* na modalidade *Light Contact* deve terminar sempre com a vitória de um dos dois combatentes.

Quando o tempo do *round* terminar, o árbitro central deve ser avisado com um sinal acústico (gongo ou apito) ou visual.

Art. 23 – São proibidas as seguintes ações:

A – Golpear descontroladamente.

B – Golpear com a cabeça, o joelho, a canela ou o cotovelo.

C – Golpear ou simular um ataque aos olhos.

D – Morder.

E – Golpear a nuca, a garganta ou a parte superior da cabeça.

F – Golpear abaixo da cintura.

G – Fazer torções articulares.

5.4 *Full Contact*

5.4.1 Proteções

Os atletas de *Kick Boxing* na modalidade de *Full Contact* deverão usar para o combate luvas de 10 onças, oficiais e iguais para ambos os atletas. O árbitro do encontro, a seu juízo, poderá ordenar a substituição das luvas caso essas lhe pareçam irregulares.

A bandagem para os atletas de *Kick Boxing* na modalidade de *Full Contact* é obrigatória, devendo medir de 4 a 5 metros de comprimentos e 5 centímetros de largura.

A bandagem ou gaze deve ser colocada nas mãos e bem fixada para que não saia das luvas. É absolutamente proibido endurecer a bandagem ou aplicar qualquer outro material.

As bandagens serão colocadas nos vestiários e deverão ser controladas pelo árbitro antes de serem colocadas as luvas, no início do combate.

Poderá acontecer em torneio, que a organização peça aos atletas para se apresentarem já com as luvas, nesse caso, haverá um responsável para fazer a inspeção no vestiário.

5.4.2 Uniforme do atleta no *Kick Boxing* na modalidade *Full Contact*

Os atletas de *Kick Boxing* na modalidade de *Full Contact* deverão apresentar--se ao árbitro, vestindo calça longa de material que permita a liberdade de movimento, não se pode utilizar calças de artes marciais oriundas do Japão, Coreia, China etc., somente calça de *Kick Boxing*. A calça pode ser apresentada em qualquer cor, contanto que esteja limpa e bem-apresentada.

O atleta de *Kick Boxing* na modalidade de *Full Contact*, não pode lutar com faixa na cintura e camiseta.

Constituem-se proteções obrigatórias: os protetores de pé, de canela, de genital (coquilha) somente para homem, de dentes, de cabeça, luva e bandagem. As mulheres deverão usar o protetor de seios, além dos outros materiais obrigatórios.

O atleta de *Kick Boxing* na modalidade de *Full Contact* deve usar caneleira e protetor de pé, que não contenha metal ou plástico duro, sob a calça. Ao início do combate o árbitro tem a obrigação de controlar as proteções dos combatentes.

5.4.3 Partes do corpo usadas para golpear

No *Kick Boxing* na modalidade de *Full Contact*, são usados chutes e socos. Os chutes devem atingir o adversário na parte frontal e lateral do tronco e na cabeça, sempre com o peito do pé, com exceção da rasteira que deve ser aplicada na altura do tornozelo, nunca em sentido antiarticular. É possível ainda atacar com a "bola dos pés" no chute frontal, com a sola do pé no chute lateral, ambos no tronco ou cabeça e com o calcanhar, no topo da cabeça no chute cobertura. Para os ataques com as mãos, deve-se fechá-las de maneira que somente a parte frontal delas atinja o adversário, nas partes frontal e lateral do tronco e na cabeça (técnicas do Boxe inglês).

Só serão válidos os golpes que forem desferidos na parte frontal e lateral do corpo, da cintura para cima e o mesmo para cabeça.

Pode-se utilizar o bloqueio alto, com a perna bem-flexionada, visando defender-se dos chutes desferidos na linha da cintura.

Não é válido endereçar os golpes abaixo da cintura, em direção as articulações das pernas ou dos braços, na nuca e em cima da cabeça. Salvo o chute cobertura, que poderá atingir em cima da cabeça.

5.4.3.1 Em particular não é válido

A – Golpear com o dorso da mão em rotação.

B – Golpear com a palma, com o punho, com o corte da mão, com a cabeça, com os joelhos, com a canela, cotovelos, ombros e os antebraços.

C – Golpear o adversário no chão.

D – Golpear de raspão com intenção de arranhar.

E – Golpear os ombros e os rins (esta última ação não será considerada falta caso o adversário, durante uma ação de ataque de algum modo, gire dando as costas ao oponente e assim recebendo o golpe por sua própria culpa).

F – Executar projeções.

G – Executar alavancas ou torções articulares.

H – Aplicar rasteira contra-articular.

5.4.3.2 Não é válido e constitui falta

A – Segurar os braços do adversário para trás com as mãos, os ombros e cabeça.

B – Adotar uma conduta de combate, como colocar a cabeça muito baixa para frente e de todo modo embaixo da cintura do adversário.

C – Colocar a luva no rosto do adversário ou a cabeça abaixo do queixo, no corpo a corpo.

D – Desfrutar da elasticidade das cordas para golpear o adversário ou mesmo abandonar-se em cima desta, pegar impulso e golpear.

E – Agarrar-se nas cordas e golpear.

F – Não parar sua ação nos comandos stop (pare) ou break (separar) do árbitro ou mesmo não seguir suas ordens.

G – Adotar uma conduta de combate pouco esportiva, como se atirar no chão voluntariamente, ser muito passivo etc.

§1° Não cumpre falta o atleta que a isto é induzido pela necessidade de defender-se da ação faltosa do adversário. Em cada um desses casos, o árbitro deverá avaliar prontamente a situação e adotar os procedimentos do caso (advertência simples, advertência oficial, penalização e desclassificação).

> § 2º – Na segunda advertência oficial, por qualquer tipo de falta cometida, o árbitro deve descontar 1 ponto.
> Na tercira advertência o atleta será desclassificado.

Quando os dois lutadores estão presos um com o outro e se acham em fase de *clinch* (corpo a corpo), o árbitro deve intervir prontamente e dar ordem de break (separar). Se os atletas permanecerem agarrados fortemente, o árbitro deve pronunciar stop (pare), separar os dois atletas e reiniciar a luta pronunciando fight!

Ao ouvir o comando break, os atletas devem prontamente dar um passo para trás e continuar o combate.

No caso dos lutadores recorrerem ao *clinch* frequentemente, o árbitro deverá adverti-los, ou até mesmo penalizá-los.

5.5 *Low kick's*

O *Kick Boxing* na modalidade de *Low kick's* possui as mesmas regras do *Kick Boxing* na modalidade de *Full Contact*, quanto a todos os atos competitivos e diretivos.

As categorias de peso utilizados no *Kick Boxing* na modalidade de *Low kick's* são as mesmas do *Kick Boxing* na modalidade de *Full Contact*, tanto no masculino quanto no feminino.

Os atletas de *Kick Boxing* na modalidade de *Low kick's* devem combater com calção apropriado para a modalidade e peito nu.

As proteções obrigatórias no *Kick Boxing* na modalidade de *Low kick's* são: protetor de pé, protetor de canela, coquilha, bandagem, luvas de 10 onças, protetor bucal e de cabeça.

5.5.1 Partes do corpo usadas para golpear

Este é o único artigo que se diferencia do *Full Contact*. No *Kick Boxing* na modalidade de *Low kick´s*, é permitido o contato com chutes na coxa, somente acima do joelho nas partes externas, internas ou posteriores da coxa. Não é permitido o ataque com chute nas pernas, ou seja, joelho e tíbia.

É considerado falta o ataque na coxa em direção contra-articular.

O atleta de *Kick Boxing* na modalidade de *Low kick´s* pode utilizar bloqueios de canela (tíbia) para defender-se dos ataques de *Low kick's* de seu adversário.

Observação: no caso da utilização de bloqueio e ocorrer o contato na perna, não é considerado falta.

5.6 *K1 Rules*

5.6.1 O atleta

O atleta amador do K1-R, combate em público, por puro espírito de lazer, até se profissionalizar. Os atletas terão de aceitar na totalidade o estatuto e o regulamento da Confederação e serem filiados a Federação Estadual e a Confederação. O atleta se empenhará e se colocará à disposição da Confederação para efetuação de combate de interesse regional, estadual, nacional e internacional. O atleta de K1-R é amador enquanto não infringir as normas que regulamentam o amadorismo internacional, ou até completar 18 anos, quando poderá se profissionalizar.

Art. 1 – Para o K1 são idênticas as regras do *Kick Boxing* na modalidade de *Full Contact* quanto a todos os atos competitivos e diretivos.

Art. 2 – Golpes permitidos

A – Todos os golpes do Boxe Inglês.

B – Socos giratórios, atacando com dorso da mão.

C – Todos os chutes do *Kick Boxing* nas modalidades de *Full Contact* e *Low kick´s*.

D – Chutar as pernas do adversário.

E – Chutar as articulações do joelho, observando-se somente os ataques laterais.

F – Giratória de calcanhar nas pernas ou coxa, observando-se os ataques laterais.

G – Joelhadas nas coxas, abdômen ou cabeça, inclusive saltada.

H – Segurar a cabeça no *clinch* e aplicar joelhadas ou esporões.

I – Segurar a perna do adversário por um tempo máximo de 3", para chutar, socar ou aplicar joelhada. Neste caso é permitido somente uma técnica e após isso deve soltar imediatamente a perna do adversário, se não o fizer, é falta.

Art. 3 – *Clinch*

O atleta pode executar o *clinch*, a fim de atacar o adversário com joelhadas ou *Low kick's*, durante um tempo máximo de 5". Após esse tempo, mesmo com ação de golpes, o árbitro interrompe o combate com a palavra stop (pare), fazendo os atletas se afastarem para a seguir dar continuidade ao combate pela palavra fight!

Art. 4 – Golpes proibidos

A – Atacar a coluna do adversário.

B – Desferir chutes frontais contra articulações.

C – Utilizar o *clinch* para não usar técnicas e sim para parar o combate.

D – Atacar a nuca.

E – Atacar o testículo, olhos ou garganta.

F – Executar torções ou chaves.

G – Utilizar cotoveladas.

H – Atacar com a cabeça.

I – Projetar o adversário utilizando-se de quadril ou alavanca de perna.

5.6.2 Vestimentas e equipamentos de proteção

Art. 6 – O atleta de K1, deve lutar de calção e sem camiseta (peito nu).

Art. 7 – O atleta de K1-R deve utilizar obrigatoriamente as seguintes proteções: coquilha (sempre por debaixo do calção), bandagem, luvas de 10 onças, protetor bucal e de cabeça e protetor elástico de pé e canela.

§1º – O protetor elástico de pé e canela, deve ser composto de material não rígido. O atleta não pode utilizar o protetor de pé, como o utilizado no *Kick Boxing* nas modalidade de *Full Contact* ou *Low kick´s*.

§2º – O atleta não pode lutar com brincos, correntes, anéis ou quaisquer materiais metálicos, que possa ferir o adversário.

5.7 Regulamento profissional (CBKB, 2010)

As Confederações promovem lutas e homologam títulos em três modalidades: *Full Contact*, *Low kick's* e *K1 Rules*. Com autorização especial também é possível realizar combates profissionais no *Semi Contact* e no *Light Contact* masculino e feminino.

Art. 1 – O atleta para poder profissionalizar-se, deve ter um mínimo de cinco lutas amadoras e ter participado de pelo menos 1 (um) campeonato amador: Brasileiro, Sul-americano, Pan-americano ou Mundial.

Art. 2 – O atleta que se profissionalizou, deverá obedecer aos seguintes critérios a respeito das competições amadoras:

§1º – Poderá participar dos campeonatos estaduais e nacionais.

§2º – Sendo campeão Estadual Pró, estará automaticamente classificado para o Campeonato Brasileiro Amador. Por opção, pode participar dos estaduais ou seletiva específica.

§3º – Se for campeão Brasileiro Pró em uma modalidade, só poderá participar dos eventos nacionais amadores nas outras modalidades.

§4º – Mesmo sendo campeão Brasileiro Pró, poderá participar dos eventos em que defenderá o Brasil, como: Sul-americano, Pan-americano e Mundial.

§5º – Na modalidade que ele é Campeão Brasileiro pode participar dos Campeonatos Sul-americano, Pan-americano e Mundiais, tendo que participar da seletiva, se houver.

Art. 4 – Categorias de peso no profissional

Full Contact, Low kicks e *Thai Kick - K1 Rules.*

Masculino: até 52,700, - 54,500, - 56,400, - 58,200, - 60, - 62,300, - 64,500, - 66,800, - 69,100, - 71,800, - 75, - 78,100, - 81,400, - 85,100, - 88,600, - 94,100 e + de 94,100 kg

Feminino: até 48, - 50, - 52, - 54, - 56, -58, - 60, - 62, - 64, - 66, - 68, - 70 e + de 70 kg

Semi Contact e *Light Contact*:

Masculino: até 57, - 63, - 69, - 74, 79, - 84, - 89, - 94 e + 94 kg

Feminino: até 50, - 55, - 60, - 65 e + de 65 kg

Art. 5 – Quantidade de *rounds* nas lutas profissionais

Tabela 5.1 – Título mundial

	Full	*Low kicks*	*Thai Kick/ K1 Rules*	*Semi*	*Light*
Título Mundial	12	5	5	7	7
Título Intercontinental	10	5	5	5	5
Título Continental	10	5	5	5	5
Título Sul-americano	10	5	5	5	5
Luta Extra	4 a 8	3 a 5	3 a 5	3 a 5	3 a 5

Full Contact, *Light Contact* e *Semi Contact* – *Round* de 2 minutos por 1 minuto de descanso.

Low kicks e *Thai Kick* – *K1 Rules* – *Round* de 3 minutos por 1 minuto de descanso.

6
O *Kick Boxing* Arte marcial para a criança

6.1 Algumas considerações

O esporte de luta é fundamental para a criança, para o seu desenvolvimento, não só físico, mas também mental, principalmente.

O sistema de ensinamento para a criança é fundamental; por exemplo, quanto a disciplina que existe na academia, o sistema de hierarquia, o respeito entre aluno e professor, ou do aluno em relação a um atleta mais avançado, o respeito entre os atletas.

Tudo isso se leva para a vida, aí se entende quando uma criança aprende a respeitar o professor, ou o aluno traz para a família o respeito entre pais e filhos, entre irmãos, com pessoas mais velhas etc. Na vida na academia, por exemplo, fumar, beber é "careta".

Atualmente, valores como disciplina, respeito e companheirismo são, muitas vezes, deixados de lado. Pai e mãe frequentemente trabalham e, às vezes, não têm condições de ajudar a construir esses valores na criança, por não estarem sempre em contato com os filhos que, normalmente, passam seus dias em frente a uma televisão e/ou em contato com companhias inadequadas. Além disso, as escolas, em geral, dão prioridade ao aspecto intelectual, dando menos ênfase aos fundamentos da educação moral, cujos ensinamentos estão voltados para o comportamento disciplinar e social.

A prática de artes marciais, em especial o *Kick Boxing*, sob orientação de professores qualificados, trará benefícios inestimáveis para a criança, pois ela, quando bem orientada e motivada, terá dado um grande passo, evitando o aparecimento de certos vícios (drogas, más-companhias etc.) nocivos à vida social e, principalmente, à saúde.

Nesse sentido, podemos dizer que a prática correta das artes marciais auxilia enormemente na educação, formação e desenvolvimento da criança. Ela aprende a respeitar a si e ao próximo, aumenta a sua capacidade de atenção, melhorando ainda o relacionamento pessoal, seja no âmbito familiar, escolar e social. Com relação ao aspecto físico, ela estará sempre se exercitando, o que proporciona um melhor desenvolvimento corporal, contribuindo para uma vida saudável em todos os aspectos.

Segundo Silva (2006), a prática de esportes realizados por crianças e adolescentes pode trazer algumas vantagens e desvantagens:

- *Como vantagens podemos destacar*: maior nível de atividade infantil, servindo como estímulo à saúde, aumentando a coordenação e as possibilidades motoras, sendo estas as bases do desempenho posterior, aumentando ainda o nível de responsabilidade social.
- *Dentre as desvantagens ressaltamos*: defeitos motores em consequência do treinamento inadequado, desadaptação social, anulação de outros campos de atuação e excesso de responsabilidade (estresse).

Silva (2006) ressalta ainda que a qualidade, quantidade e os objetivos do trabalho vão determinar os malefícios e os benefícios de esporte.

Podemos enumerar alguns objetivos da prática consciente do *Kick Boxing* nas crianças e adolescentes:

1. conhecer a si próprio e as suas reações, especialmente em situações limite;
2. adquirir hábitos de disciplina;
3. abandonar o egoísmo e o individualismo;
4. desenvolver um espírito e uma atitude de autoconfiança;
5. aprender a trabalhar em grupo (desenvolvendo o espírito solidário);
6. ajudar a encontrar a harmonia na vida: com a natureza e as coisas, com as pessoas e conosco mesmo.

Por essas razões, é importante que os pais ou responsáveis procurem locais adequados à prática consciente do *Kick Boxing* voltado a seus filhos.

6.2 A importância de um técnico para o atleta

"Como atleta, rodei muito em equipes e lutei muitas vezes sem técnico para me orientar e não sabia que o técnico é 70% do atleta, pois é ele que cuida da integridade física do atleta; dá preparação; treina sua concentração na luta; cuida de seu corpo e mente; oferece a ele uma confiança incrível na hora da luta, o que faz com que o atleta seja capaz de mostrar o seu melhor.

Vou dar um exemplo de uma luta que realizei.

Eu ia lutar, mas estava muito nervoso e meu técnico percebendo meu nervosismo começou a fazer minha mão (bandagem) e, então, começou a me orientar e tranquilizar-me, pois disse que meu adversário estava como eu, nervoso e apreensivo. Bem, conversamos muito e o nervosismo foi passando, fui ficando mais seguro comigo mesmo, e quando a bandagem estava pronta... meu espírito também estava.

Subi no ringue pronto para ser campeão; para mim, a nossa sintonia era muito grande; seus olhos eram os meus, cada erro do meu adversário e sua postura, meu técnico me avisava e eu respondia como ele queria, isso era ser uma verdadeira equipe!

A cada *round* eu crescia. Lembro-me de que ele dizia 'o *jab* e o caminho'...

Bem, fui campeão sem dificuldades, esta ligação entre atleta e técnico é o que faz a diferença em cima dos ringues.

Obrigado, mestre, por ser meu técnico!"

Ailton Pedro
(Campeão Sul-americano de K1)

7
Iconografia da parte técnica

7.1 Base de boxe

Base de combate (destro e canhoto)

Figura 7.1 – Destro: pernas na largura do ombro, mantendo a esquerda à frente com as pernas semiflexionadas, com a guarda (mãos) protegendo o rosto.

Figura 7.2 – Canhoto: pernas na largura do ombro, mantendo a direita à frente com as pernas semiflexionadas, com a guarda (mãos) protegendo o rosto.

Figura 7.3 – *Jab*: mão saindo da frente, sempre com os dedos voltados para cima, girando-a na frente.

Iconografia da parte técnica

Figura 7.4 – Direto: mão que sai de trás com força, utilizando o quadril e girando o pé de trás.

Figura 7.5 – Cruzado: o braço saindo na horizontal da frente (a).

O braço saino na horizontal da frente, utilizando o quadril e girando o pé de trás (b).

Figura 7.6 – *Cross*: é uma variação do cruzado, só que mais curto, no que normalmente é mais rápido.

Figura 7.7 – *Uppercut*: é um gancho normalmente dirigido no queixo do adversário.

Figura 7.8 – *Huk*: é um gancho mais curto dirigido normalmente na linha hepática (cintura).

Kick Boxing – A arte de ensinar

Figura 7.9 – Soco giratório com a mão de trás.

Iconografia da parte técnica

Figura 7.10 – Soco giratório com a mão da frente.

7.2 Base de chutes

Figura 7.11 – Chute frontal perna de trás. Base de combate (a). A perna sobe flexionada (b). Estica, batendo com a parte frontal da sola do pé (c). Volta com a perna flexionada (d). Volta à base inicial (e).

Figura 7.12 – Chute frontal perna da frente. Base de combate (a). A perna sobe flexionada (b). Estica, batendo com a parte frontal da sola do pé (c). Volta com a perna flexionada (d). Posição inicial, volta à base (e).

Figura 7.13 – Chute lateral perna de trás. Base de combate (a). A perna sobe flexionada (b). Estica, batendo com a parte lateral do pé (c). Volta com a perna flexionada (d). Posição inicial, volta à base (e).

Figura 7.14 – Chute lateral perna da frente. Base de combate (a). A perna sobe flexionada (b). Estica, batendo com a parte lateral do pé (c). Volta com a perna flexionada (d). Posição inicial, volta à base (e).

Figura 7.15 – Chute circular perna de trás. Base de combate (a). A perna sobe flexionada (b). Estica, batendo com o peito do pé ou a canela (c). Volta com a perna flexionada (d). Posição inicial, volta à base (e).

Figura 7.16 – Chute circular perna da frente. Base de combate (a). A perna sobe flexionada (b). Estica, batendo com o peito do pé ou canela (c). Volta com a perna flexionada (d). Posição inicial, volta à base (e).

Figura 7.17 – Joelhada perna da frente.

Figura 7.18 – Joelhada perna de trás.

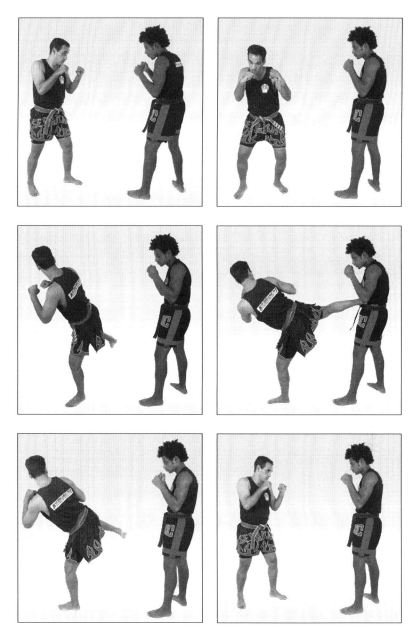

Figura 7.19 – Giratória faca do pé.

Figura 7.20 – Giratória de calcanhar.

Figura 7.21 – Chute cobertura perna da frente.

Figura 7.22 – Chute cobertura perna de trás.

Figura 7.23 – Joelhada pulando.

Figura 7.24 – Chute frontal saltado.

Iconografia da parte técnica

Figura 7.25 – Chute circular sentado.

Figura 7.26 – *Ashibarai*.

7.3 Joelhadas

Figura 7.27 – Joelhada frontal.

Kick Boxing – A arte de ensinar

Figura 7.28 – Joelhada lateral.

7.4 Bloqueios

Figura 7.29 – Bloqueio de perna da frente de *Low kick*.

Figura 7.30 – Bloqueio perna de trás de *Low kick*.

Figura 7.31 – Bloqueio de chute frontal perna frente.

Figura 7.32 – Bloqueio chute frontal perna de trás.

Figura 7.33 – Bloqueio do direto: coxa para fora, bloqueando chute na coxa. Bloqueio de UK na cintura.

Figura 7.34 – Similar ao chute na coxa.

7.5 Esquivas

Figura 7.35 – Esquiva do *jab*.

Figura 7.36 – Esquiva do direto.

Figura 7.37 – Esquiva do cruzado.

Figura 7.38 – Saída para trás do chute na coxa.

7.6 Caminhar

Figura 7.39 – Para frente.

Figura 7.40 – Para trás.

7.7 Trabalho com aparador

Figura 7.41a – Sequência de trabalho com aparador.

Iconografia da parte técnica

Figura 7.41b – Sequência de trabalho com aparador.

Figura 7.41c – Sequência de trabalho com aparador.

7.8 Bandagem

Bandagem amadora

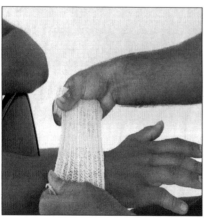 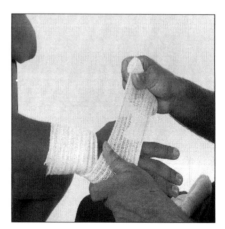

Figura 7.42a – Bandagem amadora.

Iconografia da parte técnica

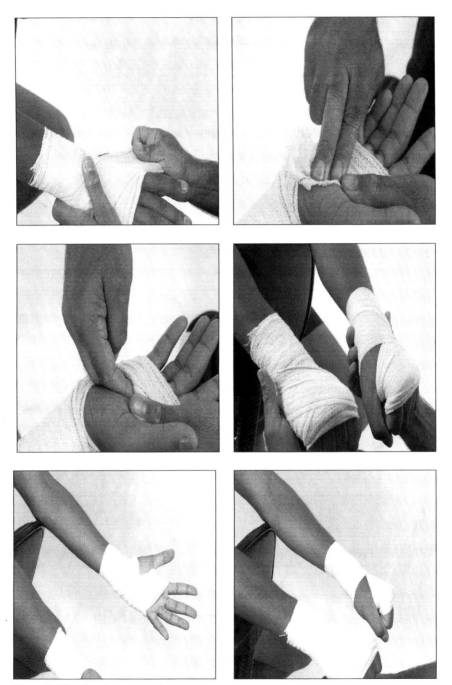

Figura 7.42b – Bandagem amadora.

Bandagem profissional

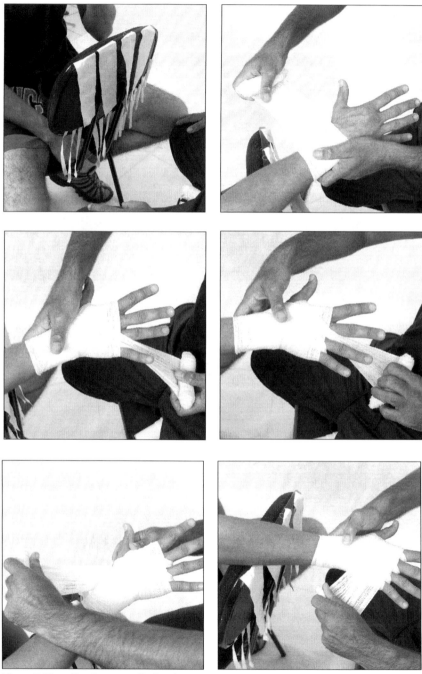

Figura 7.43a – Bandagem profissional.

Iconografia da parte técnica
135

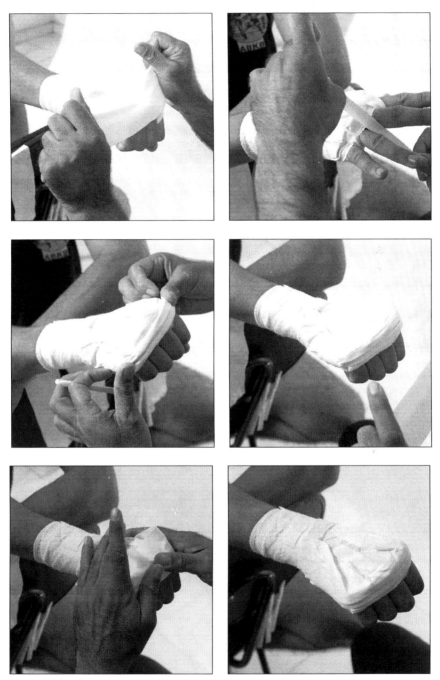

Figura 7.43b– Bandagem profissional.

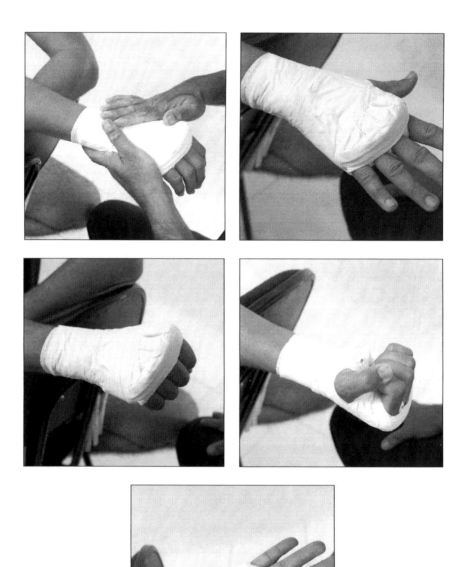

Figura 7.43c – Bandagem profissional.

8 Referências

1   *Apostila de Arbitragem CBKB.* São Paulo: Confederação Brasileira de Kick Boxing, 2010.

2   *Jornal Lutas de Academia,* abr. 1994.

3   *Revista Combat Sport,* São Paulo, n. 5, 1988. Primeira Fase.

4   *Revista Combat Sport,* São Paulo, n. 6, 1988. Primeira Fase.

5   *Revista Combat Sport,* São Paulo, n. 7, 1988. Primeira Fase.

6   *Revista Combat Sport,* São Paulo, n. 8, 1989. Primeira Fase.

7   *Revista Combat Sport,* São Paulo, n. 9, 1989. Primeira Fase.

8   *Revista Combat Sport,* São Paulo, n. 10, 1990. Primeira Fase.

9   *Revista Combat Sport,* São Paulo, n. 16, 1992. Primeira Fase.

10   *Revista Combat Sport,* São Paulo, n. 27, 1997. Primeira Fase.

11   *Revista Combat Sport,* São Paulo, n. 6, [19-]. Nova fase.

12   *Revista Top Fight, São Paulo, ano I, n. 0, maio 1998.*

13   *Revista Top Fight, São Paulo, ano II, n. 10, jan. 1999.*

14   Silva, L. R. R. *Desempenho Esportivo:* treinamento com crianças e adolescentes. São Paulo: Phorte, 2006. p. 32.

15   Vicent, D. *Karate Story. Paris: Editions de France, 1979.*

16   *Wako Magazine*, Milão, 1995.

17   *Apostila de Arbitragem Confederação Brasileira de Kick Boxing (CBKB).*

9
Iconografia

Estreia no *Kick Boxing*.

Título brasileiro de 2004.

Paulo Zorello, Inaftali Gomes e Prof. Serginho.

Seminário em Carapicuiba.

Serginho e alunos da Academia Vitor Ribeiro Boxe Club.

Dia do *Kick Boxing*, 2009.

Comemoração após vitória com os primos e a filha.

Sergio homenageado como atleta do século.

Conquista do título Paulista.

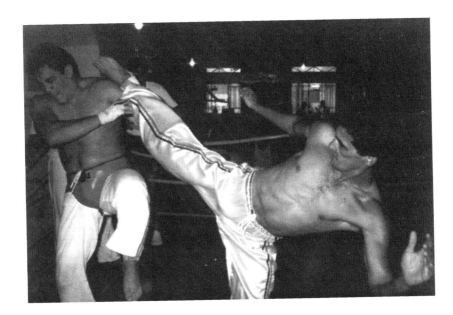

Exame de faixa de José Roberto.

Rob Kaman, Serginho e Paulo Zorello.

Eder Jofre e Serginho.

Arcelino Popó Freitas e Serginho.

Serginho e Semmy.

Título brasileiro: Marcos, Serginho e Lilian.

Serginho e familiares.

Serginho e seus irmãos.

SOBRE O LIVRO
Formato: 17 x 24 cm
Mancha: 11,5 x 18 cm
Papel: Offset 90 g
nº páginas: 152
1ª edição: 2011

EQUIPE DE REALIZAÇÃO
Edição de texto
Nathalia Ferrarezi (Assistente-editorial)
Maria Apparecida F. M. Bussolotti (Estabelecimento de texto)
Jaqueline Carou (Preparação do original e copidesque)
Fernanda Fonseca (Revisão)

Editoração eletrônica
David Menezes (Capa, projeto gráfico, diagramação e tratamento de imagens)

Impressão
Prol Editora Gráfica.